Sabores del Mediterráneo
Un Festín de Tradición y Sabor

Antonio Ferrando

Contenido

lubina en un bolsillo

Tiempo de preparación: 10 minutos.

Hora de cocinar: 25 minutos

Porciones: 4

Nivel de dificultad: medio

Ingredientes:

- 4 filetes de lubina
- 4 dientes de ajo, rebanados
- 1 tallo de apio en rodajas
- 1 calabacín en rodajas
- 1 taza de tomates cherry cortados por la mitad
- 1 chalota, en rodajas
- 1 cucharadita de orégano seco
- Sal pimienta

Títulos:

Mezcle el ajo, el apio, el calabacín, los tomates, las cebolletas y el orégano en un bol. Añadir sal y pimienta al gusto. Toma 4 trozos de papel de horno y colócalos sobre la superficie de trabajo. Coloca la mezcla de verduras en el centro de cada hoja.

Coloque un filete de pescado encima y luego envuelva bien el papel para que parezca un bolsillo. Coloque el pescado envuelto en una bandeja para hornear y hornee en un horno precalentado a 350 F/176 C durante 15 minutos. El pescado se sirve caliente y fresco.

Nutrición (por 100 gramos):149 calorías 2,8 g de grasa 5,2 g de carbohidratos 25,2 g de proteína 696 mg de sodio

Pasta cremosa de salmón ahumado

Tiempo de preparación: 5 minutos.

Hora de cocinar: 35 minutos

Porciones: 4

Nivel de dificultad: medio

Ingredientes:

- 2 cucharadas de aceite de oliva
- 2 dientes de ajo, finamente picados
- 1 chalota picada
- 4 onzas. o 113 g de salmón ahumado picado
- 1 taza de guisantes verdes
- 1 taza de crema espesa
- Sal pimienta
- 1 pizca de hojuelas de chile
- 8 oz. o 230 g de pasta penne
- 6c. Agua

Títulos:

Coloca la sartén a fuego medio-alto y agrega aceite. Agrega el ajo y las chalotas. Cocine por 5 minutos o hasta que estén tiernos. Agrega los guisantes, la sal, la pimienta y las hojuelas de chile. Cocine por 10 minutos.

Agrega el salmón y cocina por otros 5-7 minutos. Agrega la nata, reduce el fuego y cocina por otros 5 minutos.

Mientras tanto, calienta una sartén con agua y sal al gusto, una vez que hierva agrega la pasta penne y cocina por 8-10 minutos o hasta que esté suave. Colar la pasta, agregar a la salsa de salmón y servir.

Nutrición (por 100 gramos):393 calorías 20,8 g de grasa 38 g de carbohidratos 3 g de proteína 836 mg de sodio

Pollo griego en olla de cocción lenta

Tiempo de preparación: 20 minutos.

Tiempo de cocción: 3 horas.

Porciones: 4

Nivel de dificultad: medio

Ingredientes:

- 1 cucharada de aceite de oliva virgen extra
- 2 kilos de pechuga de pollo deshuesada
- ½ cucharadita de sal kosher
- ¼ cucharadita de pimienta negra
- 1 frasco (12 onzas) de pimientos rojos asados
- 1 taza de aceitunas Kalamata
- 1 cebolla morada mediana, picada
- 3 cucharadas de vinagre de vino tinto
- 1 cucharada de ajo picado
- 1 cucharadita de miel
- 1 cucharadita de orégano seco
- 1 cucharadita de tomillo seco
- ½ taza de queso feta (opcional, para servir)
- Hierbas frescas picadas: cualquier mezcla de albahaca, perejil o tomillo (opcional, para servir)

Títulos:

Cubra la olla de cocción lenta con aceite en aerosol o aceite de oliva. Calienta el aceite de oliva en una sartén grande. Sazone ambos lados de la pechuga de pollo. Cuando el aceite esté caliente añade las pechugas de pollo y fríelas por ambos lados (unos 3 minutos).

Una vez cocido, transfiéralo a la olla de cocción lenta. Agregue pimiento rojo, aceitunas y cebolla morada a las pechugas de pollo. Intenta colocar las verduras alrededor del pollo y no directamente encima.

En un tazón pequeño, mezcla el vinagre, el ajo, la miel, el orégano y el tomillo. Una vez que se haya unido, viértelo sobre el pollo. Cocine el pollo a fuego lento durante 3 horas o hasta que el centro ya no esté rosado. Sirva con queso feta desmenuzado y hierbas frescas.

Nutrición (por 100 gramos):399 calorías 17 g de grasa 12 g de carbohidratos 50 g de proteína 793 mg de sodio

gyro de pollo

Tiempo de preparación: 10 minutos.

Tiempo de cocción: 4 horas.

Porciones: 4

Nivel de dificultad: medio

Ingredientes:

- 2 libras. pechuga de pollo deshuesada o filete de pollo
- jugo de un limon
- 3 dientes de ajo
- 2 cucharaditas de vinagre de vino tinto
- 2-3 cucharadas de aceite de oliva
- ½ taza de yogur griego
- 2 cucharaditas de orégano seco
- 2-4 cucharaditas de condimento griego
- ½ cebolla morada pequeña, finamente picada
- 2 cucharadas de eneldo
- salsa tzatziki
- 1 taza de yogur griego natural
- 1 cucharada de eneldo
- 1 pepino inglés pequeño, picado
- pizca de sal y pimienta
- 1 cucharadita de cebolla en polvo
- Para los aderezos:

- Tomate
- pepino picado
- Cebolla morada picada
- Queso feta en cubitos
- pan de pita desmenuzado

Títulos:

Corta la pechuga de pollo en cubos y ponla en la olla de cocción lenta. Agregue el jugo de limón, el ajo, el vinagre, el aceite de oliva, el yogur griego, el orégano, el condimento griego, la cebolla morada y el eneldo a la olla de cocción lenta y revuelva para combinar bien.

Cocine a fuego lento durante 5-6 horas o a fuego alto durante 2-3 horas. Mientras tanto, agrega todos los ingredientes para la salsa tzatziki y mezcla. Una vez bien mezclado, refrigera hasta que el pollo esté tierno.

Cuando el pollo esté listo, sírvalo con pan de pita y cualquiera o todos los ingredientes enumerados anteriormente.

Nutrición (por 100 gramos):317 calorías 7,4 g de grasa 36,1 g de carbohidratos 28,6 g de proteína 476 mg de sodio

Cassoulet de pollo en olla de cocción lenta

Tiempo de preparación: 10 minutos.

Hora de cocinar: 20 minutos

Porciones: 16

Nivel de dificultad: medio

Ingredientes:

- 1 taza de frijoles blancos secos, remojados
- 8 muslos de pollo con hueso y sin piel
- 1 salchicha polaca, cocida y picada (opcional)
- 1¼ tazas de jugo de tomate
- 1 lata (28 oz) de tomates, cortados por la mitad
- 1 cucharada de salsa inglesa
- 1 cucharadita de caldo instantáneo de res o pollo en gránulos
- ½ cucharadita de albahaca seca
- ½ cucharadita de orégano seco
- ½ cucharadita de pimentón
- ½ taza de apio picado
- ½ taza de zanahorias picadas
- ½ taza de cebolla picada

Títulos:

Cubra la olla de cocción lenta con aceite de oliva o aceite en aerosol antiadherente. En un bol, mezcle el jugo de tomate, los tomates, la salsa inglesa, el caldo de res, la albahaca, el orégano y el pimentón. Asegúrate de que los ingredientes estén bien mezclados.

Coloque el pollo y las salchichas en la olla de cocción lenta y vierta la mezcla de jugo de tomate. Coloque encima el apio, la zanahoria y la cebolla. Cocine a fuego lento durante 10-12 horas.

Nutrición (por 100 gramos):244 calorías 7 g de grasa 25 g de carbohidratos 21 g

Pollo provenzal en olla de cocción lenta

Tiempo de preparación: 5 minutos.

Tiempo de cocción: 8 horas.

Porciones: 4

Nivel de dificultad: Fácil

Ingredientes:

- 4 mitades de pechuga de pollo deshuesadas y sin piel (6 onzas)
- 2 cucharaditas de albahaca seca
- 1 cucharadita de tomillo seco
- 1/8 cucharadita de sal
- 1/8 cucharadita de pimienta negra recién molida
- 1 pimiento amarillo, cortado en cubitos
- 1 pimiento rojo, cortado en cubitos
- 1 lata (15,5 oz) de frijoles cannellini
- 1 lata (14,5 oz) de tomates tiernos con albahaca, ajo y orégano, escurridos

Títulos:

Unte la olla de cocción lenta con aceite de oliva antiadherente. Pon todos los ingredientes en la olla de cocción lenta y mezcla. Cocine a fuego lento durante 8 horas.

Nutrición (por 100 gramos):304 calorías 4,5 g de grasa 27,3 g de carbohidratos 39,4 g de proteína 639 mg de sodio

Pavo asado al estilo griego

Tiempo de preparación: 20 minutos.

Hora de cocinar: 7:30 am

Porciones: 8

Nivel de dificultad: medio

Ingredientes:

- 1 pechuga de pavo deshuesada (4 libras), cortada en rodajas
- ½ taza de caldo de pollo, dividido
- 2 cucharadas de jugo de limón fresco
- 2 tazas de cebolla picada
- ½ taza de aceitunas Kalamata deshuesadas
- ½ taza de tomates secados al sol envasados en aceite, en rodajas finas
- 1 cucharadita de condimento griego
- ½ cucharadita de sal
- ¼ de cucharadita de pimienta negra recién molida
- 3 cucharadas de harina para todo uso (o integral)

Títulos:

Cubra la olla de cocción lenta con aceite en aerosol antiadherente o aceite de oliva. Agregue el pavo, ¼ de taza de caldo de pollo, jugo de limón, cebolla, aceitunas, tomates secados al sol, condimento griego, sal y pimienta a la olla de cocción lenta.

Cocine a fuego lento durante 7 horas. Vierta la harina en el ¼ de taza restante de caldo de pollo y luego revuélvalo suavemente en la olla de cocción lenta. Cocine por otros 30 minutos.

Nutrición (por 100 gramos):341 calorías 19 g de grasa 12 g de carbohidratos 36,4 g de proteína 639 mg de sodio

Cuscús de pollo al ajillo

Tiempo de preparación: 25 minutos.

Tiempo de cocción: 7 horas.

Porciones: 4

Nivel de dificultad: medio

Ingredientes:

- 1 pollo entero, cortado en cubitos
- 1 cucharada de aceite de oliva virgen extra
- 6 dientes de ajo, cortados por la mitad
- 1 taza de vino blanco seco
- 1 taza de cuscús
- ½ cucharadita de sal
- ½ cucharadita de pimienta
- 1 cebolla mediana, finamente rebanada
- 2 cucharaditas de tomillo seco
- 1/3 taza de harina integral

Títulos:

Calienta el aceite de oliva en una sartén pesada. Cuando la sartén esté caliente, agrega el pollo para que se dore. Asegúrese de que los trozos de pollo no se toquen entre sí. Hornee con la piel hacia abajo durante unos 3 minutos o hasta que estén dorados.

Cubra su olla de cocción lenta con aceite en aerosol antiadherente o aceite de oliva. Coloca la cebolla, el ajo y el tomillo en la olla de cocción lenta y espolvorea con sal y pimienta. Agrega el pollo encima de las cebollas.

En un recipiente aparte, mezcle la harina con el vino hasta que quede suave y luego viértalo sobre el pollo. Cocine a fuego lento durante 7 horas o hasta que esté listo. Puedes cocinar durante 3 horas a fuego alto. Sirve el pollo encima del cuscús cocido y luego vierte la salsa encima.

Nutrición (por 100 gramos):440 calorías 17,5 g de grasa 14 g de carbohidratos 35,8 g de proteína 674 mg de sodio

pollo karahi

Tiempo de preparación: 5 minutos.

Tiempo de cocción: 5 horas.

Porciones: 4

Nivel de dificultad: Fácil

Ingredientes:

- 2 libras. pechuga o muslo de pollo
- ¼ taza de aceite de oliva
- 1 lata pequeña de pasta de tomate
- 1 cucharada de mantequilla
- 1 cebolla grande, picada
- ½ taza de yogur griego natural
- ½ taza de agua
- 2 cucharadas de pasta de ajo y jengibre
- 3 cucharadas de hojas de fenogreco
- 1 cucharadita de cilantro molido
- 1 tomate mediano
- 1 cucharadita de chile rojo
- 2 chiles verdes
- 1 cucharadita de cúrcuma
- 1 cucharada de garam masala
- 1 cucharadita de comino en polvo
- 1 cucharadita de sal marina
- ¼ cucharadita de nuez moscada

Títulos:

Cubra la olla de cocción lenta con aceite en aerosol antiadherente.
Mezcla bien todas las especias en un tazón pequeño. Mezcle el
pollo en la olla de cocción lenta, seguido del resto de los
ingredientes, incluida la mezcla de especias. Revuelve hasta que
todo esté bien mezclado con las especias.

Cocine a fuego lento durante 4-5 horas. Sirva con naan o pan
italiano.

Nutrición (por 100 gramos):345 calorías 9,9 g de grasa 10 g de
carbohidratos 53,7 g de proteína 715 mg de sodio

Cacciatore De Pollo Con Orzo

Tiempo de preparación: 20 minutos.

Tiempo de cocción: 4 horas.

Porciones: 6

Nivel de dificultad: Fácil

Ingredientes:

- 2 kilos de muslos de pollo con piel
- 1 cucharada de aceite de oliva
- 1 taza de champiñones, en cuartos
- 3 zanahorias, finamente picadas
- 1 tarro pequeño de aceitunas Kalamata
- 2 latas (14 oz) de tomates cortados en cubitos
- 1 lata pequeña de pasta de tomate
- 1 taza de vino tinto
- 5 dientes de ajo
- 1 taza de orzo

Títulos:

Calienta el aceite de oliva en una sartén grande. Cuando el aceite esté caliente, añade el pollo con la piel hacia abajo y fríelo hasta que se dore. Asegúrese de que los trozos de pollo no se toquen entre sí.

Cuando el pollo esté dorado, agrégalo a la olla de cocción lenta con todos los ingredientes excepto el orzo. Cocine el pollo a fuego lento durante 2 horas, luego agregue el orzo y cocine por otras 2 horas. Sirva con pan francés crujiente.

Nutrición (por 100 gramos):424 calorías 16 g de grasa 10 g de carbohidratos 11 g de proteína 845 mg de sodio

Daube provenzal cocido a fuego lento

Tiempo de preparación: 15 minutos.

Tiempo de cocción: 8 horas.

Porciones: 8

Nivel de dificultad: medio

Ingredientes:

- 1 cucharada de aceite de oliva
- 10 dientes de ajo picados
- 2 kilos de asado deshuesado
- 1½ cucharaditas de sal, divididas
- ½ cucharadita de pimienta negra recién molida
- 1 taza de vino tinto seco
- 2 tazas de zanahorias picadas
- 1½ tazas de cebolla picada
- ½ taza de caldo de res
- 1 lata (14 oz) de tomates cortados en cubitos
- 1 cucharada de puré de tomate
- 1 cucharadita de romero fresco picado
- 1 cucharadita de tomillo fresco picado
- ½ cucharadita de piel de naranja
- ½ cucharadita de canela molida
- ¼ cucharadita de clavo molido
- 1 hoja de laurel

Títulos:

Precalienta una sartén, luego agrega el aceite de oliva. Agrega el ajo y la cebolla picados y cocina hasta que la cebolla se ablande y el ajo comience a dorarse.

Agrega la carne cortada en cubitos, sazona con sal y pimienta y sofríe hasta que la carne se dore. Transfiera la carne a la olla de cocción lenta. Agrega el caldo de res a la sartén y deja hervir durante unos 3 minutos para que se dore la sartén, luego viértelo en la olla de cocción lenta sobre la carne.

Agrega el resto de los ingredientes a la olla de cocción lenta y mezcla bien. Configure la olla de cocción lenta a fuego lento y cocine durante 8 horas, o póngala a fuego alto y cocine durante 4 horas. Servir con pasta al huevo, arroz o un poco de pan italiano crujiente.

Nutrición (por 100 gramos):547 calorías 30,5 g de grasa 22 g de carbohidratos 45,2 g de proteína 809 mg de sodio

oso buco

Tiempo de preparación: 30 minutos.

Tiempo de cocción: 8 horas.

Porciones: 3

Nivel de dificultad: medio

Ingredientes:

- 4 muslos de ternera o ternera
- 1 cucharadita de sal marina
- ½ cucharadita de pimienta negra molida
- 3 cucharadas de harina integral
- 1-2 cucharadas de aceite de oliva
- 2 cebollas medianas, picadas
- 2 zanahorias medianas, cortadas en cubitos
- 2 tallos de apio, cortados en cubitos
- 4 dientes de ajo, picados
- 1 lata (14 oz) de tomates cortados en cubitos
- 2 cucharaditas de hojas secas de tomillo
- ½ taza de caldo de carne o de verduras

Títulos:

Sazone las piernas por ambos lados y luego sumérjalas en harina para cubrirlas. Calienta una sartén grande a fuego alto. Agrega el aceite de oliva. Cuando el aceite esté caliente añadir las piernas y sofreírlas uniformemente por ambos lados. Cuando esté dorado, transfiéralo a la olla de cocción lenta.

Vierta el caldo en la sartén y hierva mientras revuelve durante 3-5 minutos para que la sartén se ponga roja. Pon los demás ingredientes en la olla de cocción lenta y vierte el caldo de la sartén encima.

Pon la olla de cocción lenta a fuego lento y cocina durante 8 horas. Osso Bucco se sirve sobre quinua, arroz integral o incluso arroz de coliflor.

Nutrición (por 100 gramos):589 calorías 21,3 g de grasa 15 g de carbohidratos 74,7 g de proteína 893 mg de sodio

Bourguignon de ternera en olla de cocción lenta

Tiempo de preparación: 5 minutos.

Tiempo de cocción: 8 horas.

Porciones: 8

Nivel de dificultad: Difícil

Ingredientes:

- 1 cucharada de aceite de oliva virgen extra
- 6 onzas de tocino, picado en trozos grandes
- 3 libras de pechuga de res magra, cortada en cubos de 2 pulgadas
- 1 zanahoria grande, en rodajas
- 1 cebolla blanca grande, picada
- 6 dientes de ajo, picados y divididos
- ½ cucharadita de sal gruesa
- ½ cucharadita de pimienta recién molida
- 2 cucharadas de cereales integrales
- 12 cebollas pequeñas
- 3 tazas de vino tinto (Merlot, Pinot Noir o Chianti)
- 2 tazas de caldo de res
- 2 cucharadas de pasta de tomate
- 1 cubito de caldo de res, triturado
- 1 cucharadita de tomillo fresco, picado
- 2 cucharadas de perejil fresco

- 2 hojas de laurel
- 2 cucharadas de mantequilla o 1 cucharada de aceite de oliva
- 1 kilo de champiñones pequeños frescos, blancos o marrones, cortados en cuartos

Títulos:

Calienta una sartén a fuego medio-alto y agrega el aceite de oliva. Cuando el aceite esté caliente, fríe el tocino hasta que esté crujiente y luego ponlo en la olla de cocción lenta. Pon la grasa de tocino en la sartén.

Seque la carne y fríala en la misma sartén con la grasa del tocino hasta que todos los lados estén dorados uniformemente. Transfiera a una olla de cocción lenta.

Coloca la cebolla y la zanahoria en una olla de cocción lenta y sazona con sal y pimienta. Mezcla los ingredientes y asegúrate de que todo esté sazonado.

Vierta el vino tinto en la sartén y cocine a fuego lento durante 4-5 minutos para que la sartén se ponga roja, luego agregue la harina y revuelva hasta que quede suave. Continuar cocinando hasta que el líquido se reduzca y espese un poco.

Cuando el líquido se haya espesado, viértelo en la olla de cocción lenta y revuelve para cubrir todo con la mezcla de vino. Añade el puré de tomate, la pastilla de caldo, el tomillo, el perejil, los 4 dientes de ajo y la hoja de laurel. Configure la olla de cocción lenta a temperatura alta y cocine durante 6 horas, o ajuste a temperatura baja y cocine durante 8 horas.

Ablanda la mantequilla o calienta el aceite de oliva en una sartén a fuego medio. Cuando el aceite esté caliente, agrega los 2 dientes de ajo restantes y cocina durante aproximadamente 1 minuto antes de agregar los champiñones. Cocine los champiñones hasta que estén suaves, luego póngalos en la olla de cocción lenta y revuelva.

Servir con puré de patatas, arroz o pasta.

Nutrición (por 100 gramos):672 calorías 32 g de grasa 15 g de carbohidratos 56 g de proteína 693 mg de sodio

ternera balsámica

Tiempo de preparación: 5 minutos.

Tiempo de cocción: 8 horas.

Porciones: 10

Nivel de dificultad: medio

Ingredientes:

- 2 kilos de asado deshuesado
- 1 cucharada de aceite de oliva
- Frotamiento
- 1 cucharadita de ajo en polvo
- ½ cucharadita de cebolla en polvo
- 1 cucharadita de sal marina
- ½ cucharadita de pimienta negra recién molida
- ADEREZO
- ½ taza de vinagre balsámico
- 2 cucharadas de miel
- 1 cucharada de mostaza y miel
- 1 taza de caldo de res
- 1 cucharada de tapioca, harina integral o maicena (para espesar la salsa cuando esté lista, si es necesario)

Títulos:

Agrega todos los ingredientes para el masaje.

En un recipiente aparte, mezcle el vinagre balsámico, la miel, la mostaza con miel y el caldo de res. Unte el asado con aceite de oliva y luego frote las especias de la mezcla para untar. Coloque el asado en una olla de cocción lenta y luego vierta la salsa encima. Pon la olla de cocción lenta a fuego lento y cocina durante 8 horas.

Si desea espesar la salsa para asar, transfiérala de la olla de cocción lenta a un tazón. Luego vierte el líquido en una cacerola y déjalo hervir en la estufa. Mezcle la harina hasta que quede suave y cocine a fuego lento hasta que la salsa espese.

Nutrición (por 100 gramos):306 calorías 19 g de grasa 13 g de carbohidratos 25 g de proteína 823 mg de sodio

Carne asada

Tiempo de preparación: 20 minutos.

Tiempo de cocción: 5 horas.

Porciones: 8

Nivel de dificultad: medio

Ingredientes:

- 2 cucharadas de aceite de oliva
- Sal pimienta
- 3 kilos de carne asada deshuesada, atada
- 4 zanahorias medianas, peladas
- 2 chirivías, peladas y cortadas por la mitad
- 2 colinabos blancos, pelados y cortados en cuartos
- 10 dientes de ajo pelados
- 2 ramitas de tomillo fresco
- 1 naranja lavada y rallada
- 1 taza de caldo de pollo o res

Títulos:

Calienta una sartén grande a fuego medio-alto. Frote el rosbif con aceite de oliva y luego sazone con sal y pimienta. Cuando la sartén esté caliente, agregue el rosbif y dore por todos lados. Esto toma aproximadamente 3 minutos por lado, pero este proceso sella los jugos y hace que la carne quede jugosa.

Cuando esté cocido, mételo en la olla de cocción lenta. Mezcle las zanahorias, las chirivías, los nabos y el ajo en una sartén. Revuelva y cocine durante unos 5 minutos, pero no completamente, solo para obtener algunos trozos dorados de la carne y agregar color.

Transfiera las verduras a la olla de cocción lenta, colocándolas alrededor de la carne. Unte la parte superior del asado con tomillo y piel de naranja. Corta la naranja por la mitad y exprime el jugo sobre la carne. Agregue el caldo de pollo y cocine a fuego lento el asado durante 5 horas.

Nutrición (por 100 gramos):426 calorías 12,8 g de grasa 10 g de carbohidratos 48,8 g de proteína 822 mg de sodio

Arroz y embutido mediterráneo

Tiempo de preparación: 15 minutos.

Tiempo de cocción: 8 horas.

Porciones: 6

Nivel de dificultad: medio

Ingredientes:

- 1½ kilos de salchicha italiana desmenuzada
- 1 cebolla morada mediana finamente picada
- 2 cucharadas de salsa para bistec
- 2 tazas de arroz de grano largo, crudo
- 1 lata (14 oz) de tomates cortados en cubitos con jugo
- ½ taza de agua
- 1 pimiento verde mediano, cortado en cubitos

Títulos:

Rocíe su olla de cocción lenta con aceite de oliva o spray para cocinar antiadherente. Agrega la salchicha, la cebolla y la salsa para bistec a la olla de cocción lenta. Déjalo a fuego lento durante 8-10 horas.

Pasadas las 8 horas, añade el arroz, los tomates, el agua y el pimiento verde. Mezclar bien. Cocine por otros 20-25 minutos.

Nutrición (por 100 gramos):650 calorías 36 g de grasa 11 g de carbohidratos 22 g de proteína 633 mg de sodio

albóndigas españolas

Tiempo de preparación: 20 minutos.

Tiempo de cocción: 5 horas.

Porciones: 6

Nivel de dificultad: Difícil

Ingredientes:

- 1 kilo de pavo molido
- 1 kilo de carne de cerdo picada
- 2 huevos
- 1 lata (20 oz) de tomates cortados en cubitos
- ¾ taza de cebolla dulce picada, cantidad dividida
- ¼ de taza más 1 cucharada de pan rallado
- 3 cucharadas de perejil fresco picado
- 1½ cucharaditas de comino
- 1½ cucharaditas de pimentón (dulce o picante)

Títulos:

Rocíe la olla de cocción lenta con aceite de oliva.

Mezcle la carne molida, los huevos, aproximadamente la mitad de la cebolla, el pan rallado y las especias en un bol.

Lávate las manos y mezcla hasta que todo esté bien combinado. No mezcle demasiado, ya que esto endurecerá las albóndigas. Formamos albóndigas. El tamaño de los trozos que hagas determinará obviamente el número de albóndigas.

Calienta 2 cucharadas de aceite de oliva en una sartén a fuego medio. Cuando esté caliente, mezcla las albóndigas y dóralas por todos lados. Asegúrate de que las bolas no se toquen entre sí para que se doren uniformemente. Cuando estén listos, transfiéralos a la olla de cocción lenta.

Agregue el resto de las cebollas y los tomates a la sartén y cocine por unos minutos, raspando los trozos marrones de las albóndigas para darles sabor. Transfiera los tomates a las albóndigas en la olla de cocción lenta y cocine a fuego lento durante 5 horas.

Nutrición (por 100 gramos):372 calorías 21,7 g de grasa 15 g de carbohidratos 28,6 proteínas 772 mg de sodio

Filete de coliflor con salsa de aceitunas y cítricos

Tiempo de preparación: 15 minutos.

Hora de cocinar: 30 minutos

Porciones: 4

Nivel de dificultad: medio

Ingredientes:

- 1 o 2 cabezas grandes de coliflor
- 1/3 taza de aceite de oliva virgen extra
- ¼ de cucharadita de sal kosher
- 1/8 cucharadita de pimienta negra molida
- Jugo de 1 naranja
- cáscara de 1 naranja
- ¼ de taza de aceitunas negras, deshuesadas y picadas
- 1 cucharada de mostaza Dijon o granulada
- 1 cucharada de vinagre de vino tinto
- ½ cucharadita de cilantro molido

Títulos:

Precaliente el horno a 400 F. Coloque papel pergamino o papel de aluminio en una bandeja para hornear. Corta el tallo de la coliflor para que quede erguido. Cortar verticalmente en cuatro láminas gruesas. Coloque la coliflor en la bandeja para hornear preparada. Rocíe con aceite de oliva, sal y pimienta negra. Hornee por unos 30 minutos.

En un tazón mediano, combine el jugo de naranja, la ralladura de naranja, las aceitunas, la mostaza, el vinagre y el cilantro; mezclar bien. Servir con la salsa.

Nutrición (por 100 gramos):265 calorías 21 g de grasa 4 g de carbohidratos 5 g de proteína 693 mg de sodio

Pasta al pesto de pistacho y menta

Tiempo de preparación: 10 minutos.

Hora de cocinar: 10 minutos

Porciones: 4

Nivel de dificultad: medio

Ingredientes:

- 8 onzas de pasta integral
- 1 taza de menta fresca
- ½ taza de albahaca fresca
- 1/3 taza de pistachos sin sal con cáscara
- 1 diente de ajo pelado
- ½ cucharadita de sal kosher
- Jugo de ½ lima
- 1/3 taza de aceite de oliva virgen extra

Títulos:

Cocine la pasta según las instrucciones del paquete. Escurrir, cubrir con media taza de agua de pasta y reservar. En un procesador de alimentos, agrega la menta, la albahaca, los pistachos, el ajo, la sal y el jugo de lima. Procesa hasta que los pistachos estén finamente molidos. Agregue el aceite de oliva en un chorro lento y constante y procese hasta que se combinen.

En un bol grande, mezcla la pasta con el pesto de pistacho. Si quieres una textura más fina y picante, añade un poco de agua a la pasta y mezcla bien.

Nutrición (por 100 gramos):420 calorías 3 g de grasa 2 g de carbohidratos 11 g de proteína 593 mg de sodio

Salsa de tomate cherry con pasta cabello de ángel

Tiempo de preparación: 10 minutos.

Hora de cocinar: 20 minutos

Porciones: 4

Nivel de dificultad: medio

Ingredientes:

- 8 oz de pasta de cabello de ángel
- 2 cucharadas de aceite de oliva virgen extra
- 3 dientes de ajo finamente picados
- 3 pintas de tomates cherry
- ½ cucharadita de sal kosher
- ¼ cucharadita de hojuelas de pimiento rojo
- ¾ taza de albahaca fresca, picada
- 1 cucharada de vinagre balsámico blanco (opcional)
- ¼ de taza de queso parmesano rallado (opcional)

Títulos:

Cocine la pasta según las instrucciones del paquete. Escurrir y reservar.

Calienta el aceite de oliva en una sartén o sartén grande a fuego medio-alto. Agrega el ajo y sofríe durante 30 segundos. Agregue los tomates, la sal y las hojuelas de pimiento rojo y cocine, revolviendo ocasionalmente, hasta que los tomates se deshagan, aproximadamente 15 minutos.

Retirar del fuego y agregar la pasta y la albahaca. Mezclar bien. (Para tomates fuera de temporada, agregue vinagre si es necesario y mezcle bien). Sirva.

Nutrición (por 100 gramos):305 calorías 8 g de grasa 3 g de carbohidratos 11 g de proteína 559 mg de sodio

Tofu frito con tomates secos y alcachofas

Tiempo de preparación: 30 minutos.

Hora de cocinar: 30 minutos

Porciones: 4

Nivel de dificultad: medio

Ingredientes:

- 1 paquete (16 onzas) de tofu extra firme, cortado en cubos de 1 pulgada
- 2 cucharadas de aceite de oliva virgen extra, dividido
- 2 cucharadas de jugo de limón, dividido
- 1 cucharada de salsa de soja baja en sodio
- 1 cebolla picada
- ½ cucharadita de sal kosher
- 2 dientes de ajo, finamente picados
- 1 lata (14 oz) de corazones de alcachofa, escurridos
- 8 tomates secos
- ¼ de cucharadita de pimienta negra recién molida
- 1 cucharada de vinagre de vino blanco
- Ralladura de 1 limón
- ¼ taza de perejil fresco picado

Títulos:

Precalienta el horno a 400°F. Coloque papel de aluminio o papel para hornear en la bandeja. En un bol, mezcle el tofu, 1 cucharada de aceite de oliva, 1 cucharada de jugo de limón y salsa de soja.

Déjalo reposar y marina durante 15-30 minutos. Coloque el tofu en una sola capa sobre la bandeja para hornear preparada y hornee por 20 minutos, volteándolo una vez, hasta que esté ligeramente dorado.

Cocine o fría la 1 cucharada restante de aceite de oliva en una sartén grande a fuego medio. Agrega la cebolla y la sal; cocine a fuego lento hasta que esté transparente, 5-6 minutos. Agrega el ajo y sofríe durante 30 segundos. A continuación añade los corazones de alcachofa, los tomates secos y la pimienta negra y sofríe durante 5 minutos. Agrega el vinagre de vino blanco y la cucharada restante de jugo de limón, luego escurre la sartén y raspa los trozos marrones. Retira la sartén del fuego y agrega la ralladura de limón y el perejil. Agrega con cuidado el tofu frito.

Nutrición (por 100 gramos):230 calorías 14 g de grasa 5 g de carbohidratos 14 g de proteína 593 mg de sodio

Tempeh mediterráneo al horno con tomate y ajo

Tiempo de preparación: 25 minutos, más 4 horas para marinar

Hora de cocinar: 35 minutos

Porciones: 4

Nivel de dificultad: Difícil

Ingredientes:

- <u>para tempeh</u>
- 12 onzas de tempeh
- ¼ taza de vino blanco
- 2 cucharadas de aceite de oliva virgen extra
- 2 cucharadas de jugo de limón
- Ralladura de 1 limón
- ¼ de cucharadita de sal kosher
- ¼ de cucharadita de pimienta negra recién molida
- <u>Para la salsa de tomate y ajo</u>
- 1 cucharada de aceite de oliva virgen extra
- 1 cebolla picada
- 3 dientes de ajo finamente picados
- 1 lata (14,5 oz) de tomates triturados y sin sal
- 1 tomate de res, cortado en cubitos
- 1 hoja de laurel seca
- 1 cucharadita de vinagre de vino blanco

* 1 cucharadita de jugo de limón.
* 1 cucharadita de orégano seco
* 1 cucharadita de tomillo seco
* ¾ cucharadita de sal kosher
* ¼ taza de albahaca, cortada en tiras

Títulos:

para hacer el tempeh

Coloca el tempeh en una sartén mediana. Agregue suficiente agua para cubrir de 1 a 2 pulgadas. Llevar a ebullición a fuego medio-alto, tapar y cocinar a fuego lento. Cocine durante 10-15 minutos. Retire el tempeh, séquelo, déjelo enfriar y córtelo en cubos de 1 pulgada.

Mezclar vino blanco, aceite de oliva, jugo de limón, ralladura de limón, sal y pimienta negra. Agrega el tempeh, tapa el bol y refrigera por 4 horas o toda la noche. Precalienta el horno a 375°F. Coloque el tempeh marinado y la marinada en una fuente para horno y hornee por 15 minutos.

Para preparar la salsa de tomate y ajo

Calienta el aceite de oliva en una sartén grande a fuego medio. Agrega la cebolla y saltea hasta que esté transparente en 3-5 minutos. Agrega el ajo y sofríe durante 30 segundos. Agrega los tomates triturados, los tomates res, las hojas de laurel, el vinagre, el jugo de limón, el orégano, el tomillo y la sal. Mezclar bien. Cocine a fuego lento durante 15 minutos.

Agrega el tempeh frito a la mezcla de tomate y mezcla suavemente. Adorne con albahaca.

CONSEJO DE SUSTITUCIÓN: Si no tiene tempeh o simplemente desea acelerar el proceso de cocción, puede sustituir el tempeh por una lata de 14,5 onzas de frijoles blancos. Enjuague los frijoles y agréguelos a la salsa con los tomates triturados. ¡Un gran plato principal vegano en la mitad de tiempo!

Nutrición (por 100 gramos):330 calorías 20 g de grasa 4 g de carbohidratos 18 g de proteína 693 mg de sodio

Hongos portobello asados con col rizada y cebolla morada

Tiempo de preparación: 30 minutos.

Hora de cocinar: 30 minutos

Porciones: 4

Nivel de dificultad: Difícil

Ingredientes:

- ¼ taza de vinagre de vino blanco
- 3 cucharadas de aceite de oliva virgen extra, dividido
- ½ cucharadita de miel
- ¾ cucharadita de sal kosher, cantidad dividida
- ¼ de cucharadita de pimienta negra recién molida
- 4 champiñones portobello grandes, sin tallos
- 1 cebolla morada, encogida
- 2 dientes de ajo, finamente picados
- 1 manojo (8 onzas) de col rizada, sin tallos y picada
- ¼ cucharadita de hojuelas de pimiento rojo
- ¼ de taza de queso parmesano o romano rallado

Títulos:

Coloca papel de hornear o papel de aluminio en la bandeja. En un tazón mediano, mezcle el vinagre, 1 ½ cucharada de aceite de oliva, miel, ¼ de cucharadita de sal y pimienta negra. Coloca los champiñones en la bandeja y vierte la marinada sobre ellos. Déjalo marinar durante 15-30 minutos.

Mientras tanto, precalienta el horno a 400°F. Hornea los champiñones durante 20 minutos, dándoles la vuelta a la mitad. Calienta las 1½ cucharadas restantes de aceite de oliva en una sartén grande o saltea a fuego medio-alto. Agrega la cebolla y la ½ cucharadita de sal restante y sofríe hasta que se doren en 5-6 minutos. Agrega el ajo y sofríe durante 30 segundos. Agregue la col rizada y las hojuelas de pimiento rojo y saltee hasta que la col rizada esté bien cocida, aproximadamente 5 minutos.

Retira los champiñones del horno y aumenta el fuego para cocinarlos. Vierta con cuidado el líquido del recipiente al recipiente con la mezcla de col rizada; mezclar bien. Gira el champiñón de modo que el tallo quede hacia arriba. Vierte un poco de la mezcla de col rizada encima de cada champiñón. Espolvorea 1 cucharada de queso parmesano encima de cada uno. Ase hasta que se doren.

Nutrición (por 100 gramos):200 calorías 13 g de grasa 4 g de carbohidratos 8 g de proteína

Tofu marinado balsámico con albahaca y orégano

Tiempo de preparación: 40 minutos.

Hora de cocinar: 30 minutos

Porciones: 4

Nivel de dificultad: medio

Ingredientes:

- ¼ de taza de aceite de oliva virgen extra
- ¼ de taza de vinagre balsámico
- 2 cucharadas de salsa de soja baja en sodio
- 3 dientes de ajo rallados
- 2 cucharaditas de jarabe de arce puro
- Ralladura de 1 limón
- 1 cucharadita de albahaca seca
- 1 cucharadita de orégano seco
- ½ cucharadita de tomillo seco
- ½ cucharadita de salvia seca
- ¼ de cucharadita de sal kosher
- ¼ de cucharadita de pimienta negra recién molida
- ¼ de cucharadita de hojuelas de pimiento rojo (opcional)
- 1 bloque (16 onzas) de tofu extra firme

Títulos:

En un tazón de un galón o en una bolsa ziplock, combine el aceite de oliva, el vinagre, la salsa de soya, el ajo, el jarabe de arce, la ralladura de limón, la albahaca, el orégano, el tomillo, la salvia, la sal, la pimienta negra y las hojuelas de pimiento rojo, si es necesario. Agrega el tofu y mezcla suavemente. Mételo en el frigorífico y déjalo marinar durante 30 minutos, o incluso toda la noche si es necesario.

Prepara el horno a 425°F. Coloque papel de hornear o papel de aluminio en la bandeja. Coloque el tofu marinado en una sola capa en la sartén preparada. Hornee durante 20-30 minutos, dándoles la vuelta a la mitad, hasta que estén ligeramente crujientes.

Nutrición (por 100 gramos):225 calorías 16 g de grasa 2 g de carbohidratos 13 g de proteína 493 mg de sodio

Calabacines rellenos de ricotta, albahaca y pistachos

Tiempo de preparación: 15 minutos.

Hora de cocinar: 25 minutos

Porciones: 4

Nivel de dificultad: medio

Ingredientes:

- 2 calabacines medianos, cortados por la mitad a lo largo
- 1 cucharada de aceite de oliva virgen extra
- 1 cebolla picada
- 1 cucharadita de sal kosher
- 2 dientes de ajo, finamente picados
- ¾ taza de queso ricota
- ¼ taza de pistachos sin sal, pelados y picados
- ¼ taza de albahaca fresca picada
- 1 huevo grande, batido
- ¼ de cucharadita de pimienta negra recién molida

Títulos:

Precalienta el horno a 425° F. Coloca papel pergamino o papel de aluminio en una bandeja para hornear. Corta las semillas/pulpa del calabacín, dejando ¼ de pulgada de pulpa alrededor de los bordes. Coloque la pulpa en una tabla de cortar y córtela.

Calienta el aceite de oliva en una sartén a fuego medio. Agrega la cebolla, la pulpa y la sal y sofríe durante unos 5 minutos. Agrega el ajo y sofríe durante 30 segundos. Mezclar el queso ricotta, los pistachos, la albahaca, el huevo y la pimienta negra. Agrega la mezcla de cebolla y mezcla bien.

Coloca la mitad de los 4 calabacines en la sartén preparada. Unte la mitad de los calabacines con la mezcla de ricotta. Hornee hasta que esté dorado.

Nutrición (por 100 gramos):200 calorías 12 g de grasa 3 g de carbohidratos 11 g de proteína 836 mg de sodio

Farro con tomates fritos y champiñones

Tiempo de preparación: 20 minutos.

Tiempo de cocción: 1 hora.

Porciones: 4

Nivel de dificultad: Difícil

Ingredientes:

- <u>al tomate</u>
- 2 pintas de tomates cherry
- 1 cucharadita de aceite de oliva virgen extra
- ¼ de cucharadita de sal kosher
- <u>al faro</u>
- 3-4 tazas de agua
- ½ taza de farro
- ¼ de cucharadita de sal kosher
- <u>al hongo</u>
- 2 cucharadas de aceite de oliva virgen extra
- 1 cabeza de cebolla morada
- ½ cucharadita de sal kosher
- ¼ de cucharadita de pimienta negra recién molida
- 10 onzas de champiñones, sin tallos y en rodajas finas
- ½ taza de caldo de verduras sin sal agregada
- 1 lata (15 oz) de frijoles cannellini bajos en sodio, escurridos y enjuagados
- 1 taza de espinacas tiernas

- 2 cucharadas de albahaca fresca cortada en tiras
- ¼ taza de piñones tostados
- vinagre balsámico añejo (opcional)

Títulos:

Para preparar los tomates

Precaliente el horno a 400 F. Coloque papel pergamino o papel de aluminio en una bandeja para hornear. Mezcla los tomates, el aceite de oliva y la sal en la fuente para horno y hornea por 30 minutos.

que el farro

Hierva el agua, el farro y la sal en una olla o cacerola mediana a fuego alto. Llevar a ebullición y cocinar por 30 minutos o hasta que el farro esté al dente. Escurrir y reservar.

para preparar el champiñon

Cuece el aceite de oliva en una sartén grande o fríelo a fuego medio-bajo. Agrega la cebolla, la sal y la pimienta negra y sofríe hasta que estén doradas y empiecen a caramelizar, unos 15 minutos. Agregue los champiñones, aumente el fuego a medio y cocine a fuego lento hasta que el líquido se evapore y los champiñones se doren, aproximadamente 10 minutos. Agrega el caldo de verduras y reduce el fuego a bajo, raspando los trozos dorados y reduciendo el líquido durante unos 5 minutos. Agregue los frijoles y caliente durante unos 3 minutos.

Retirar y agregar las espinacas, la albahaca, los piñones, los tomates asados y el farro. Si lo desea, espolvoree con vinagre balsámico.

Nutrición (por 100 gramos):375 calorías 15 g de grasa 10 g de carbohidratos 14 g de proteína 769 mg de sodio

Orzo frito con berenjenas, acelgas y mozzarella

Tiempo de preparación: 20 minutos.

Hora de cocinar: 60 minutos

Porciones: 4

Nivel de dificultad: medio

Ingredientes:

- 2 cucharadas de aceite de oliva virgen extra
- 1 berenjena grande (1 libra), cortada en cubitos
- 2 zanahorias, peladas y cortadas en cubos pequeños
- 2 tallos de apio, cortados en cubos pequeños
- 1 cebolla morada cortada en cubos pequeños
- ½ cucharadita de sal kosher
- 3 dientes de ajo finamente picados
- ¼ de cucharadita de pimienta negra recién molida
- 1 taza de orzo integral
- 1 cucharadita de puré de tomate añadido sin sal
- 1½ tazas de caldo de verduras sin sal
- 1 taza de acelgas, sin tallos y picadas
- 2 cucharadas de orégano fresco picado
- Ralladura de 1 limón
- 4 onzas de queso mozzarella, cortado en cubos pequeños
- ¼ taza de queso parmesano rallado
- 2 tomates, cortados en rodajas de media pulgada de grosor

Títulos:

Precalienta el horno a 400°F. Calienta el aceite de oliva en una sartén grande apta para horno a fuego medio. Agrega la berenjena, la zanahoria, el apio, la cebolla y la sal y sofríe durante unos 10 minutos. Agrega el ajo y la pimienta negra y cocina por unos 30 segundos. Agrega el orzo y la pasta de tomate y sofríe durante 1 minuto. Agregue la sopa de verduras y baje el fuego de la sartén, raspando los trozos marrones. Agregue las acelgas, el orégano y la ralladura de limón y revuelva hasta que las acelgas se ablanden.

Sácalo y ponle encima el queso mozzarella. Alise la parte superior de la mezcla de orzo hasta que quede plana. Espolvorea queso parmesano encima. Extiende los tomates en una sola capa encima del queso parmesano. Hornea por 45 minutos.

Nutrición (por 100 gramos): 470 calorías 17 g de grasa 7 g de carbohidratos 18 g de proteína 769 mg de sodio

Risotto de cebada con tomates

Tiempo de preparación: 20 minutos.

Hora de cocinar: 45 minutos

Porciones: 4

Nivel de dificultad: medio

Ingredientes:

- 2 cucharadas de aceite de oliva virgen extra
- 2 tallos de apio, cortados en cubitos
- ½ taza de chalotes, cortados en cubitos
- 4 dientes de ajo, picados
- 3 tazas de sopa de verduras sin sal
- 1 lata (14,5 oz) de tomates cortados en cubitos sin sal
- 1 lata (14,5 oz) de tomates triturados y sin sal
- 1 taza de cebada perlada
- Ralladura de 1 limón
- 1 cucharadita de sal kosher
- ½ cucharadita de pimentón ahumado
- ¼ cucharadita de hojuelas de pimiento rojo
- ¼ de cucharadita de pimienta negra recién molida
- 4 ramitas de tomillo
- 1 hoja de laurel seca
- 2 tazas de espinacas tiernas
- ½ taza de queso feta desmenuzado
- 1 cucharada de orégano fresco picado

- 1 cucharada de semillas de hinojo tostadas (opcional)

Títulos:

Calienta el aceite de oliva en una sartén grande a fuego medio. Añade el apio y las chalotas y saltea durante unos 4-5 minutos. Agrega el ajo y sofríe durante 30 segundos. Añade el caldo de verduras, los tomates cortados en cubitos, los tomates triturados, la cebada, la ralladura de limón, la sal, el pimentón, las hojuelas de pimiento rojo, la pimienta negra, el tomillo y las hojas de laurel y mezcla bien. Llevar a ebullición, luego bajar el fuego y cocinar a fuego lento. Cocine por 40 minutos, revolviendo ocasionalmente.

Retire las hojas de laurel y el tomillo. Agrega las espinacas. En un tazón pequeño, mezcle el queso feta, el orégano y las semillas de hinojo. El risotto de cebada se sirve en tazones cubiertos con una mezcla de queso feta.

Nutrición (por 100 gramos):375 calorías 12 g de grasa 13 g de carbohidratos 11 g de proteína 799 mg de sodio

Garbanzos y col rizada con salsa pomodoro picante

Tiempo de preparación: 10 minutos.

Hora de cocinar: 35 minutos

Porciones: 4

Nivel de dificultad: Fácil

Ingredientes:

- 2 cucharadas de aceite de oliva virgen extra
- 4 dientes de ajo, rebanados
- 1 cucharadita de hojuelas de pimiento rojo
- 1 lata (28 oz) de tomates triturados y sin sal
- 1 cucharadita de sal kosher
- ½ cucharadita de miel
- 1 manojo de col rizada, sin tallos y picada
- 2 latas (15 oz) de garbanzos bajos en sodio, escurridos y enjuagados
- ¼ taza de albahaca fresca picada
- ¼ de taza de queso pecorino romano rallado

Títulos:

Calienta el aceite de oliva en una sartén a fuego medio. Agregue el ajo y las hojuelas de pimiento rojo y saltee hasta que el ajo esté ligeramente dorado, aproximadamente 2 minutos. Agrega los tomates, la sal y la miel y mezcla bien. Reduzca el fuego a bajo y cocine a fuego lento durante 20 minutos.

Agrega la col rizada y mezcla bien. Cocine durante unos 5 minutos. Añade los garbanzos y cocina a fuego lento durante unos 5 minutos. Retirar del fuego y agregar la albahaca. Sirva espolvoreado con queso pecorino.

Nutrición (por 100 gramos):420 calorías 13 g de grasa 12 g de carbohidratos 20 g de proteína 882 mg de sodio

Feta al horno con col rizada y yogur de limón

Tiempo de preparación: 15 minutos.

Hora de cocinar: 20 minutos

Porciones: 4

Nivel de dificultad: medio

Ingredientes:

- 1 cucharada de aceite de oliva virgen extra
- 1 cabeza de cebolla morada
- ¼ de cucharadita de sal kosher
- 1 cucharadita de cúrcuma molida
- ½ cucharadita de comino molido
- ½ cucharadita de cilantro molido
- ¼ de cucharadita de pimienta negra recién molida
- 1 manojo de col rizada, sin tallos y picada
- 7 onzas de queso feta en bloque, cortado en rodajas de ¼ de pulgada de grosor
- ½ taza de yogur griego natural
- 1 cucharada de jugo de limón

Títulos:

Precalienta el horno a 400°F. Calienta el aceite de oliva en una sartén grande para horno o en una sartén a fuego medio. Agrega la cebolla y la sal; saltee hasta que esté ligeramente dorado, aproximadamente 5 minutos. Agrega la cúrcuma, el comino, el cilantro y la pimienta negra; Hornee por 30 segundos. Agrega la col rizada y saltea durante unos 2 minutos. Agrega ½ taza de agua y continúa cocinando la col rizada durante unos 3 minutos.

Retirar del fuego y colocar las rodajas de queso feta encima de la mezcla de col rizada. Colóquelo en el horno y hornee hasta que el queso feta esté suave, de 10 a 12 minutos. Mezcla el yogur y el jugo de limón en un tazón pequeño. Sirva la col rizada y el queso feta con yogur de limón.

Nutrición (por 100 gramos):210 calorías 14 g de grasa 2 g de carbohidratos 11 g de proteína 836 mg de sodio

Berenjenas fritas y garbanzos con salsa de tomate

Tiempo de preparación: 15 minutos.

Hora de cocinar: 60 minutos

Porciones: 4

Nivel de dificultad: Difícil

Ingredientes:

- spray de aceite de oliva para cocinar
- 1 berenjena grande (aproximadamente 1 libra), cortada en rodajas de ¼ de pulgada de grosor
- 1 cucharadita de sal kosher, dividida
- 1 cucharada de aceite de oliva virgen extra
- 3 dientes de ajo finamente picados
- 1 lata (28 oz) de tomates triturados y sin sal
- ½ cucharadita de miel
- ¼ de cucharadita de pimienta negra recién molida
- 2 cucharadas de albahaca fresca picada
- 1 lata (15 onzas) de garbanzos sin sal o bajos en sodio, escurridos y enjuagados
- ¾ taza de queso feta desmenuzado
- 1 cucharada de orégano fresco picado

Títulos:

Precalienta el horno a 425°F. Engrase y forre dos bandejas para hornear con papel de aluminio y rocíe ligeramente con aceite de oliva. Extiende la berenjena en una sola capa y espolvorea con ½ cucharadita de sal. Hornee durante 20 minutos, volteando una vez a la mitad, hasta que esté ligeramente dorado.

Mientras tanto, calienta el aceite de oliva en una sartén grande a fuego medio. Agrega el ajo y sofríe durante 30 segundos. Agrega los tomates triturados, la miel, la ½ cucharadita restante de sal y pimienta negra. Cocine a fuego lento durante unos 20 minutos, hasta que la salsa se ablande y espese un poco. Agrega la albahaca.

Después de sacar la berenjena del horno, reduzca la temperatura del horno a 375°F. Vierta los garbanzos y 1 taza de salsa en una fuente para horno grande, rectangular u ovalada. Coloca las rodajas de berenjena encima, superponiendo los garbanzos según sea necesario. Vierta el resto de la salsa sobre la berenjena. Espolvoree queso feta y orégano encima.

Envuelve la bandeja con papel de aluminio y hornea por 15 minutos. Retire el papel de aluminio y hornee por otros 15 minutos.

Nutrición (por 100 gramos): 320 calorías 11 g de grasa 12 g de carbohidratos 14 g de proteína 773 mg de sodio

Deslizadores de falafel frito

Tiempo de preparación: 10 minutos.

Hora de cocinar: 30 minutos

Porciones: 6

Nivel de dificultad: medio

Ingredientes:

- spray de aceite de oliva para cocinar
- 1 lata (15 oz) de garbanzos bajos en sodio, escurridos y enjuagados
- 1 cebolla finamente picada
- 2 dientes de ajo, pelados
- 2 cucharadas de perejil fresco picado
- 2 cucharadas de harina integral
- ½ cucharadita de cilantro molido
- ½ cucharadita de comino molido
- ½ cucharadita de polvo para hornear
- ½ cucharadita de sal kosher
- ¼ de cucharadita de pimienta negra recién molida

Títulos:

Precalienta el horno a 350°F. Forre una bandeja para hornear con papel pergamino o papel de aluminio y rocíe ligeramente con aceite de oliva.

Mezcla en un procesador de alimentos los garbanzos, la cebolla, el ajo, el perejil, la harina, el cilantro, el comino, el polvo para hornear, la sal y la pimienta negra. Mezclar hasta que quede suave.

Haga 6 controles deslizantes, amontonando ¼ de taza de masa en cada uno y colóquelos en una bandeja para hornear preparada. Hornea por 30 minutos. Participar.

Nutrición (por 100 gramos):90 calorías 1 g de grasa 3 g de carbohidratos 4 g de proteína 803 mg de sodio

Portobello Caprese

Tiempo de preparación: 15 minutos.

Hora de cocinar: 30 minutos

Porciones: 2

Nivel de dificultad: Difícil

Ingredientes:

- 1 cucharada de aceite de oliva
- 1 taza de tomates cherry
- Sal y pimienta negra al gusto
- 4 hojas grandes de albahaca fresca, en rodajas finas y divididas
- 3 dientes de ajo medianos, picados
- 2 champiñones portobello grandes, sin tallos
- 4 mini bolitas de mozzarella
- 1 cucharada de queso parmesano rallado

Títulos:

Precalienta el horno a 180°C (350°F). Engrasa una bandeja para horno con aceite de oliva. Rocíe 1 cucharada de aceite de oliva en una sartén antiadherente y caliente a fuego medio-alto. Agrega los tomates a la sartén y sazona con sal y pimienta negra. Haga algunos agujeros en los tomates para sacar jugo mientras se hornean. Tapa y cocina los tomates durante 10 minutos o hasta que estén tiernos.

Reserve 2 cucharaditas de albahaca y agregue el resto de la albahaca y el ajo a la sartén. Triture los tomates con una espátula y cocine durante medio minuto. Revuelva constantemente mientras cocina. Lo dejas a un lado, lo ignoras. Coloca los champiñones en la sartén, tapa y espolvorea con sal y pimienta negra al gusto.

Vierta la mezcla de tomate y las bolas de mozzarella sobre las branquias de los champiñones, luego espolvoree con queso parmesano para cubrir bien. Hornee hasta que los champiñones estén tiernos y los quesos dorados. Retira los champiñones rellenos del horno y sírvelos con albahaca encima.

Nutrición (por 100 gramos):285 calorías 21,8 g de grasa 2,1 g de carbohidratos 14,3 g de proteína 823 mg de sodio

Tomate relleno de champiñones y queso

Tiempo de preparación: 15 minutos.

Hora de cocinar: 20 minutos

Porciones: 4

Nivel de dificultad: medio

Ingredientes:

- 4 tomates maduros grandes
- 1 cucharada de aceite de oliva
- ½ libra (454 g) de champiñones blancos o cremini, rebanados
- 1 cucharada de albahaca fresca picada
- ½ taza de cebolla amarilla, picada
- 1 cucharada de orégano fresco picado
- 2 dientes de ajo, finamente picados
- ½ cucharadita de sal
- ¼ de cucharadita de pimienta negra recién molida
- 1 taza de queso mozzarella bajo en grasa, rallado
- 1 cucharada de queso parmesano rallado

Títulos:

Precalienta el horno a 190°C (375°F). Corta una rodaja de ½ pulgada de la parte superior de cada tomate. Coloca la pulpa en un bol, dejando ½ pulgada de piel de tomate dentro. Coloque los tomates en una bandeja para hornear forrada con papel de aluminio. Calienta el aceite de oliva en una sartén antiadherente a fuego medio.

Agrega los champiñones, la albahaca, la cebolla, el orégano, el ajo, la sal y la pimienta negra a la sartén y saltea durante 5 minutos.

Vierta la mezcla en el bol de pasta de tomate, luego agregue el queso mozzarella y mezcle bien. Vierta la mezcla en cada piel de tomate y luego cubra con una capa de parmesano. Hornea en horno precalentado durante 15 minutos o hasta que el queso esté suave y los tomates suaves. Retira los tomates rellenos del horno y sírvelos calientes.

Nutrición (por 100 gramos):254 calorías 14,7 g de grasa 5,2 g de carbohidratos 17,5 g de proteína 783 mg de sodio

Agruparlo

Tiempo de preparación: 15 minutos.

Hora de cocinar: 5 minutos

Porciones: 6

Nivel de dificultad: medio

Ingredientes:

- 4 cucharadas de aceite de oliva, dividido
- 4 tazas de coliflor con arroz
- 3 dientes de ajo finamente picados
- Sal y pimienta negra al gusto
- ½ pepino grande, pelado, sin corazón y picado
- ½ taza de perejil italiano picado
- Jugo de 1 limón
- 2 cucharadas de cebolla morada picada
- ½ taza de hojas de menta picadas
- ½ taza de aceitunas Kalamata deshuesadas y picadas
- 1 taza de tomates cherry, en cuartos
- 2 tazas de hojas de rúcula o espinaca
- 2 aguacates medianos, pelados, sin hueso y cortados en cubitos

Títulos:

Calienta 2 cucharadas de aceite de oliva en una sartén antiadherente a fuego medio-alto. Agregue arroz de coliflor, ajo, sal y pimienta negra a la sartén y saltee durante 3 minutos hasta que esté fragante. Transfiérelos a un tazón grande.

Agrega el pepino, el perejil, el jugo de limón, la cebolla morada, la menta, las aceitunas y el aceite de oliva restante al bol. Mezclar para combinar bien. Coloca el bol en el frigorífico durante al menos 30 minutos.

Saca el bol de la nevera. Agrega los tomates cherry, la rúcula y el aguacate al bol. Sazone bien y mezcle bien. Servir frío.

Nutrición (por 100 gramos):198 calorías 17,5 g de grasa 6,2 g de carbohidratos 4,2 g de proteína 773 mg de sodio

Brócoli picante y corazones de alcachofa

Tiempo de preparación: 5 minutos.

Hora de cocinar: 15 minutos

Porciones: 4

Nivel de dificultad: medio

Ingredientes:

- 3 cucharadas de aceite de oliva, dividido
- 2 libras (907 g) de brócoli rabe fresco
- 3 dientes de ajo finamente picados
- 1 cucharadita de hojuelas de pimiento rojo
- 1 cucharadita de sal y más al gusto
- 383 g (13,5 oz) de corazones de alcachofa
- 1 cucharada de agua
- 2 cucharadas de vinagre de vino tinto
- pimienta negra recién molida, al gusto

Títulos:

Calienta 2 cucharadas de aceite de oliva en una sartén antiadherente a fuego medio-alto. Agrega el brócoli, el ajo, las hojuelas de pimiento rojo y la sal a la sartén y saltea durante 5 minutos o hasta que el brócoli esté tierno.

Agrega los corazones de alcachofa a la sartén y cocina a fuego lento durante otros 2 minutos o hasta que estén tiernos. Agrega agua a la sartén y reduce el fuego a bajo. Tapar y cocinar a fuego lento durante 5 minutos. Mientras tanto, mezcle el vinagre y 1 cucharada de aceite de oliva en un bol.

Rocíe el brócoli y las alcachofas cocidos a fuego lento con vinagre aceitado y espolvoree con sal y pimienta negra. Mezclar bien antes de servir.

Nutrición (por 100 gramos):272 calorías 21,5 g de grasa 9,8 g de carbohidratos 11,2 g de proteína 736 mg de sodio

shakshuka

Tiempo de preparación: 10 minutos.

Hora de cocinar: 25 minutos

Porciones: 4

Nivel de dificultad: Difícil

Ingredientes:

- 5 cucharadas de aceite de oliva, dividido
- 1 pimiento rojo, picado
- ½ cebolla amarilla pequeña, finamente picada
- 397 g (14 oz) de tomates triturados, con jugo
- 170 g (6 oz) de espinacas congeladas, descongeladas y escurridas del exceso de líquido
- 1 cucharadita de pimentón ahumado
- 2 dientes de ajo finamente picados
- 2 cucharaditas de hojuelas de pimiento rojo
- 1 cucharada de alcaparras, picadas
- 1 cucharada de agua
- 6 huevos grandes
- ¼ de cucharadita de pimienta negra recién molida
- ¾ taza de queso feta o de cabra, desmenuzado
- ¼ de taza de perejil o cilantro fresco, picado

Títulos:

Preparar el horno a 150 C. Calienta 2 cucharadas de aceite de oliva en una sartén a fuego medio-alto. Saltee el pimiento morrón y la cebolla en una sartén hasta que la cebolla esté transparente y el pimiento suave.

Agregue los tomates y sus jugos, las espinacas, el pimiento morrón, el ajo, las hojuelas de pimiento rojo, las alcaparras, el agua y 2 cucharadas de aceite de oliva a la sartén. Mezclar bien y llevar a ebullición. Reduzca el fuego a bajo, luego cubra y cocine a fuego lento durante 5 minutos.

Batir los huevos con la salsa, dejar un poco de espacio entre cada huevo, dejar el huevo intacto y espolvorear con pimienta negra recién molida. Cocine hasta que los huevos estén cocidos.

Unte el queso con el huevo y la salsa y hornee en un horno precalentado durante 5 minutos hasta que el queso burbujee y esté dorado. Antes de servir caliente, rocíe con la cucharada restante de aceite de oliva y espolvoree perejil por encima.

Nutrición (por 100 gramos):335 calorías 26,5 g de grasa 5 g de carbohidratos 16,8 g de proteína 736 mg de sodio

Spanakopita

Tiempo de preparación: 15 minutos.

Hora de cocinar: 50 minutos

Porciones: 6

Nivel de dificultad: Difícil

Ingredientes:

- 6 cucharadas de aceite de oliva, dividido
- 1 cebolla amarilla pequeña, picada
- 4 tazas de espinacas picadas congeladas
- 4 dientes de ajo, picados
- ½ cucharadita de sal
- ½ cucharadita de pimienta negra recién molida
- 4 huevos grandes, batidos
- 1 taza de queso ricota
- ¾ taza de queso feta, desmenuzado
- ¼ taza de piñones

Títulos:

Engrasa una bandeja para horno con 2 cucharadas de aceite de oliva. Pon el horno a 375 grados F. Calienta 2 cucharadas de aceite de oliva en una sartén antiadherente a fuego medio-alto. Eche la cebolla en una sartén y saltee durante 6 minutos o hasta que esté transparente y suave.

Agrega las espinacas, el ajo, la sal y la pimienta negra a la sartén y saltea por otros 5 minutos. Colócalas en un bol y reserva. Mezcle el huevo batido y el queso ricotta en un recipiente aparte, luego vierta en el recipiente con la mezcla de espinacas. Mezclar bien.

Vierta la mezcla en la sartén e inclínela para que la mezcla cubra el fondo de manera uniforme. Hornee hasta que comience a cuajar. Retire la bandeja para hornear del horno y esparza el queso feta y los piñones encima, luego rocíe con las 2 cucharadas restantes de aceite de oliva.

Regrese el molde al horno y hornee por 15 minutos más o hasta que la parte superior esté dorada. Retire la sartén del horno. Deje que la spanakopita se enfríe durante unos minutos y córtela en rodajas antes de servir.

Nutrición (por 100 gramos):340 calorías 27,3 g de grasa 10,1 g de carbohidratos 18,2 g de proteína 781 mg de sodio

tajín

Tiempo de preparación: 20 minutos.

Hora de cocinar: 60 minutos

Porciones: 6

Nivel de dificultad: medio

Ingredientes:

- ½ taza de aceite de oliva
- 6 tallos de apio, cortados en medias lunas de ¼ de pulgada
- 2 cebollas amarillas medianas, rebanadas
- 1 cucharadita de comino molido
- ½ cucharadita de canela molida
- 1 cucharadita de jengibre en polvo
- 6 dientes de ajo picados
- ½ cucharadita de pimentón
- 1 cucharadita de sal
- ¼ de cucharadita de pimienta negra recién molida
- 2 tazas de caldo de verduras bajo en sodio
- 2 calabacines medianos, cortados en mitades de ½ pulgada de grosor
- 2 tazas de coliflor, cortada en floretes
- 1 berenjena mediana, cortada en cubos de 1 pulgada
- 1 taza de aceitunas verdes, partidas por la mitad y sin hueso
- 383 g (13,5 oz) de corazones de alcachofa, escurridos y cortados en cuartos

- ½ taza de hojas de cilantro fresco, picadas, para decorar

- ½ taza de yogur griego natural, para decorar

- ½ taza de perejil fresco picado, para decorar

Títulos:

Calienta el aceite de oliva en una sartén a fuego medio. Agrega el apio y la cebolla a la olla y saltea durante 6 minutos. Agregue el comino, la canela, el jengibre, el ajo, el pimentón, la sal y la pimienta negra a la olla y cocine a fuego lento durante otros 2 minutos hasta que estén aromáticos.

Vierte el caldo de verduras en la olla y deja hervir. Reduce el fuego al mínimo y coloca el calabacín, la coliflor y la berenjena en la mesa. Tape y cocine a fuego lento durante 30 minutos o hasta que las verduras estén tiernas. Luego agregue las aceitunas y los corazones de alcachofa a la piscina y cocine a fuego lento durante otros 15 minutos. Viértelos en un tazón grande o tagine y sírvalos cubiertos con cilantro, yogur griego y perejil.

Nutrición (por 100 gramos):312 calorías 21,2 g de grasa 9,2 g de carbohidratos 6,1 g de proteína 813 mg de sodio

Pistacho cítrico y espárragos

Tiempo de preparación: 10 minutos.

Hora de cocinar: 10 minutos

Porciones: 4

Nivel de dificultad: Difícil

Ingredientes:

- Piel y zumo de 2 clementinas o 1 naranja
- Ralladura y jugo de 1 limón
- 1 cucharada de vinagre de vino tinto
- 3 cucharadas de aceite de oliva virgen extra, dividido
- 1 cucharadita de sal, dividida
- ¼ de cucharadita de pimienta negra recién molida
- ½ taza de pistachos sin cáscara
- 1 libra (454 g) de espárragos frescos, picados
- 1 cucharada de agua

Títulos:

Mezclar la ralladura y el jugo de clementina y limón, vinagre, 2 cucharadas de aceite de oliva, ½ cucharadita de sal y pimienta negra. Mezclar bien. Lo dejas a un lado, lo ignoras.

Tuesta los pistachos en una sartén antiadherente a fuego medio-alto durante 2 minutos o hasta que estén dorados. Transfiera los pistachos tostados a una superficie de trabajo limpia y córtelos en cubos grandes. Mezclar los pistachos con la mezcla de cítricos. Lo dejas a un lado, lo ignoras.

Calienta el aceite de oliva restante en una sartén antiadherente a fuego medio-alto. Agrega los espárragos a la sartén y fríelos durante 2 minutos, luego sazona con la sal restante. Agrega el agua a la sartén. Reduce el fuego a bajo y la cubierta. Cocine a fuego lento durante 4 minutos hasta que los espárragos estén suaves.

Retire los espárragos de la sartén y colóquelos en un plato grande. Vierta la mezcla de cítricos y pistachos sobre los espárragos. Cubra bien antes de servir.

Nutrición (por 100 gramos):211 calorías 17,5 g de grasa 3,8 g de carbohidratos 5,9 g de proteína 901 mg de sodio

Berenjenas rellenas de tomate y perejil

Tiempo de preparación: 15 minutos.

Hora de cocinar: 2 horas 10 minutos

Porciones: 6

Nivel de dificultad: medio

Ingredientes:

- ¼ de taza de aceite de oliva virgen extra
- 3 berenjenas más pequeñas, cortadas por la mitad a lo largo
- 1 cucharadita de sal marina
- ½ cucharadita de pimienta negra recién molida
- 1 cebolla amarilla grande, finamente picada
- 4 dientes de ajo, picados
- 425 g (15 oz) de tomates cortados en cubitos con jugo
- ¼ de taza de perejil fresco, finamente picado

Títulos:

Coloca el inserto en la olla de cocción lenta con 2 cucharadas de aceite de oliva. Haga algunos cortes en el lado cortado de las mitades de berenjena, dejando un espacio de ¼ de pulgada entre cada corte. Coloque las mitades de berenjena en la olla de cocción lenta, con la piel hacia abajo. Espolvorea con sal y pimienta negra.

Calienta el aceite de oliva restante en una sartén antiadherente a fuego medio-alto. Agrega la cebolla y el ajo a la sartén y cocina por 3 minutos o hasta que la cebolla esté transparente.

Agrega el perejil y los tomates con su jugo a la sartén y espolvorea con sal y pimienta negra. Cocine a fuego lento durante otros 5 minutos o hasta que estén tiernos. Divida y vierta la mezcla en la sartén sobre las mitades de berenjena.

Tape la olla de cocción lenta y cocine a temperatura ALTA durante 2 horas hasta que la berenjena esté tierna. Transfiera la berenjena a un plato y déjela enfriar unos minutos antes de servir.

Nutrición (por 100 gramos):455 calorías 13 g de grasa 14 g de carbohidratos 14 g de proteína 719 mg de sodio

Ratatouille

Tiempo de preparación: 15 minutos.

Tiempo de cocción: 7 horas.

Porciones: 6

Nivel de dificultad: medio

Ingredientes:

- 3 cucharadas de aceite de oliva virgen extra
- 1 berenjena grande, sin pelar y cortada en rodajas
- 2 cebollas grandes, cortadas en rodajas
- 4 calabacines pequeños, en rodajas
- 2 pimientos verdes
- 6 tomates grandes, cortados en rodajas de media pulgada
- 2 cucharadas de perejil fresco, finamente picado
- 1 cucharadita de albahaca seca
- 2 dientes de ajo, finamente picados
- 2 cucharaditas de sal marina
- ¼ de cucharadita de pimienta negra recién molida

Título:

Llene el inserto de la olla de cocción lenta con 2 cucharadas de aceite de oliva. Coloque las verduras en rodajas, picadas y en rodajas alternativamente en el recipiente de cocción lenta. Unte las verduras con perejil y sazone con albahaca, ajo, sal y pimienta negra. Rocíe con el aceite de oliva restante. Tape y cocine a temperatura BAJA durante 7 horas hasta que las verduras estén tiernas. Coloca las verduras en un plato y sírvelas calientes.

Nutrición (por 100 gramos):265 calorías 1,7 g de grasa 13,7 g de carbohidratos 8,3 g de proteína 800 mg de sodio

gemista

Tiempo de preparación: 15 minutos.

Tiempo de cocción: 4 horas.

Porciones: 4

Nivel de dificultad: medio

Ingredientes:

- 2 cucharadas de aceite de oliva virgen extra
- 4 pimientos morrones grandes, de cualquier color
- ½ taza de cuscús crudo
- 1 cucharadita de orégano
- 1 diente de ajo picado
- 1 taza de queso feta desmenuzado
- 1 lata (425 g/15 oz) de frijoles cannellini, enjuagados y escurridos
- Sal y pimienta para probar
- 1 rodaja de limón
- 4 cebollas verdes, partes blanca y verde separadas, en rodajas finas

Título:

Corta una rodaja de ½ pulgada debajo del tallo de la parte superior del pimiento. Deseche solo el tallo, corte la parte superior debajo del tallo y reserve en un recipiente. Saque el pimiento morrón con una cuchara. Engrasa la olla de cocción lenta con aceite.

Agrega el resto de los ingredientes, excepto la parte verde de la cebolla de verdeo y los gajos de limón, encima del pimiento morrón picado. Mezclar bien. Vierta la mezcla en el pimiento ahuecado y coloque los pimientos rellenos en la olla de cocción lenta, luego rocíe con más aceite de oliva.

Tape la olla de cocción lenta y cocine a temperatura ALTA durante 4 horas o hasta que los pimientos estén tiernos.

Retire los pimientos morrones de la olla de cocción lenta y sirva en un plato. Antes de servir, espolvorear con las partes verdes de la cebolla verde y exprimir los aros de limón por encima.

Nutrición (por 100 gramos):246 calorías 9 g de grasa 6,5 g de carbohidratos 11,1 g de proteína 698 mg de sodio

Rollos rellenos de col

Tiempo de preparación: 15 minutos.

Tiempo de cocción: 2 horas.

Porciones: 4

Nivel de dificultad: Difícil

Ingredientes:

- 4 cucharadas de aceite de oliva, dividido
- 1 repollo verde grande, sin corazón
- 1 cebolla amarilla grande, finamente picada
- 85 g (3 oz) de queso feta, desmenuzado
- ½ taza de grosellas secas
- 3 tazas de cebada perlada cocida
- 2 cucharadas de perejil fresco, finamente picado
- 2 cucharadas de piñones tostados
- ½ cucharadita de sal marina
- ½ cucharadita de pimienta negra
- 425 g (15 oz) de tomates triturados, con jugo
- 1 cucharada de vinagre de manzana
- ½ taza de jugo de manzana

Títulos:

Unte el inserto de la olla de cocción lenta con 2 cucharadas de aceite de oliva. Blanquear la col en una olla con agua durante 8 minutos. Retirar del agua y reservar, luego separar 16 hojas del repollo. Lo dejas a un lado, lo ignoras.

Vierte el aceite de oliva restante en una sartén antiadherente y calienta a fuego medio. Agrega la cebolla a la sartén y cocina hasta que la cebolla y el pimiento estén suaves. Transfiera la cebolla a un bol.

Agregue el queso feta, las grosellas, la cebada, el perejil y los piñones al tazón de cebollas cocidas, luego espolvoree con ¼ de cucharadita de sal y ¼ de cucharadita de pimienta negra.

Coloque las hojas de col sobre una superficie de trabajo limpia. Vierta 1/3 de taza de la mezcla en el centro de cada plato, luego doble el borde sobre la mezcla y enrolle. Coloque los rollos de repollo en la olla de cocción lenta, con la costura hacia abajo.

Combine el resto de los ingredientes en un recipiente aparte y luego vierta la mezcla sobre los rollitos de repollo. Tape la olla de cocción lenta y cocine a temperatura ALTA durante 2 horas. Retire los rollitos de repollo de la olla de cocción lenta y sírvalos calientes.

Nutrición (por 100 gramos):383 calorías 14,7 g de grasa 12,9 g de carbohidratos 10,7 g de proteína 838 mg de sodio

Coles de Bruselas con glaseado balsámico

Tiempo de preparación: 15 minutos.

Tiempo de cocción: 2 horas.

Porciones: 6

Nivel de dificultad: medio

Ingredientes:

- Glaseado balsámico:
- 1 taza de vinagre balsámico
- ¼ taza de miel
- 2 cucharadas de aceite de oliva virgen extra
- 2 libras (907 g) de coles de Bruselas, cortadas y cortadas por la mitad
- 2 tazas de caldo de verduras bajo en sodio
- 1 cucharadita de sal marina
- pimienta negra recién molida, al gusto
- ¼ taza de queso parmesano rallado
- ¼ taza de piñones

Títulos:

Prepara el vinagre balsámico: mezcla el vinagre balsámico y la miel en una cacerola. Mezclar bien. Llevar a ebullición a fuego medio-alto. Reduzca el fuego a bajo y cocine por 20 minutos o hasta que el glaseado se reduzca a la mitad y espese. Vierta un poco de aceite de oliva en el inserto de la olla de cocción lenta.

Coloque las coles de Bruselas, el caldo de verduras y ½ cucharadita de sal en una olla de cocción lenta y revuelva. Tape la olla de cocción lenta y cocine a temperatura ALTA durante 2 horas hasta que las coles de Bruselas estén tiernas.

Coloque las coles de Bruselas en un plato y espolvoree con el resto de sal y pimienta negra para condimentar. Unte las coles de Bruselas con glaseado balsámico y luego sírvalas con parmesano y piñones.

Nutrición (por 100 gramos):270 calorías 10,6 g de grasa 6,9 g de carbohidratos 8,7 g de proteína 693 mg de sodio

Ensalada de espinacas con vinagreta de cítricos

Tiempo de preparación: 10 minutos.

Hora de cocinar: 0 minutos

Porciones: 4

Nivel de dificultad: Fácil

Ingredientes:

- Vinagreta de cítricos:
- ¼ de taza de aceite de oliva virgen extra
- 3 cucharadas de vinagre balsámico
- ½ cucharadita de cáscara de limón fresca
- ½ cucharadita de sal
- Ensalada:
- 1 libra (454 g) de espinacas tiernas, lavadas y sin tallos
- 1 tomate maduro grande, cortado en trozos de ¼ de pulgada
- 1 cebolla morada mediana, en rodajas finas

Títulos:

Prepare la vinagreta de cítricos: bata el aceite de oliva, el vinagre balsámico, la ralladura de limón y la sal en un bol hasta que estén bien combinados.

Prepare la ensalada: ponga las espinacas tiernas, los tomates y la cebolla en una ensaladera aparte. Mezcle la ensalada con la vinagreta de cítricos y revuelva suavemente hasta que las verduras estén bien cubiertas.

Nutrición (por 100 gramos):173 calorías 14,2 g de grasa 4,2 g de carbohidratos 4,1 g de proteína 699 mg de sodio

Ensalada sencilla de apio y naranja

Tiempo de preparación: 15 minutos.

Hora de cocinar: 0 minutos

Porciones: 6

Nivel de dificultad: Fácil

Ingredientes:

- <u>Ensalada:</u>
- 3 tallos de apio, incluidas las hojas, cortados diagonalmente en rodajas de ½ pulgada
- ½ taza de aceitunas verdes
- ¼ taza de cebolla morada rebanada
- 2 naranjas grandes, peladas y cortadas en rodajas
- <u>Vendaje:</u>
- 1 cucharada de aceite de oliva virgen extra
- 1 cucharada de jugo de limón o naranja
- 1 cucharada de salmuera de aceitunas
- ¼ de cucharadita de sal marina o kosher
- ¼ de cucharadita de pimienta negra recién molida

Títulos:

Preparación de la ensalada: Coloque el tallo de apio, las aceitunas verdes, la cebolla y la naranja en un recipiente poco profundo. Mezclar bien y dejar reposar.

Preparación del aderezo: Mezclar bien el aceite de oliva, el jugo de limón, el jugo de aceituna, la sal y la pimienta.

Vierta el aderezo en la ensaladera y revuelva ligeramente hasta que esté completamente cubierto.

Servir frío o a temperatura ambiente.

Nutrición (por 100 gramos):24 calorías 1,2 g de grasa 1,2 g de carbohidratos 1,1 g de proteína 813 mg de sodio

rollo de berenjena frita

Tiempo de preparación: 20 minutos.

Hora de cocinar: 10 minutos

Porciones: 6

Nivel de dificultad: medio

Ingredientes:

- 2 berenjenas grandes
- 1 cucharadita de sal
- 1 taza de queso ricota rallado
- 4 oz (113 g) de queso de cabra rallado
- ¼ de taza de albahaca fresca finamente picada
- ½ cucharadita de pimienta negra recién molida
- spray de aceite de oliva

Títulos:

Coloca las rodajas de berenjena en un colador y sal. Déjalo reposar durante 15-20 minutos.

Combine la ricota y el queso de cabra, la albahaca y la pimienta negra en un tazón grande y revuelva para combinar. Lo dejas a un lado, lo ignoras. Seque las rodajas de berenjena con toallas de papel y rocíe ligeramente con aceite de oliva.

Calienta una sartén grande a fuego medio y rocía ligeramente con aceite de oliva. Coloca las rodajas de berenjena en la sartén y fríelas hasta que estén doradas por ambos lados en 3 minutos.

Retirar del fuego sobre un plato forrado con toallas de papel y dejar reposar durante 5 minutos. Haga los rollitos de berenjena: coloque las rodajas de berenjena sobre una superficie de trabajo plana y cubra cada rebanada con una cucharada de la mezcla de queso preparada. Enrollar y servir inmediatamente.

Nutrición (por 100 gramos):254 calorías 14,9 g de grasa 7,1 g de carbohidratos 15,3 g de proteína 612 mg de sodio

Tazón de verduras asadas y arroz integral

Tiempo de preparación: 15 minutos.

Hora de cocinar: 20 minutos

Porciones: 4

Nivel de dificultad: medio

Ingredientes:

- 2 tazas de floretes de coliflor
- 2 tazas de floretes de brócoli
- 1 lata (15 oz / 425 g) de garbanzos
- 1 taza de rodajas de zanahoria (de aproximadamente 1 pulgada de grosor)
- 2-3 cucharadas de aceite de oliva virgen extra, cantidad dividida
- Sal y pimienta negra al gusto
- Aceite en spray antiadherente
- 2 tazas de arroz integral cocido
- 3 cucharadas de sésamo
- Vendaje:
- 3-4 cucharadas de tahini
- 2 cucharadas de miel
- Jugo de 1 limón
- 1 diente de ajo picado
- Sal y pimienta negra al gusto

Títulos:

Preparar el horno a 205 C. Rocíe dos bandejas para hornear con aceite en aerosol antiadherente.

Coloca la coliflor y el brócoli en la primera bandeja, y las rodajas de garbanzos y zanahoria en la segunda.

Rocíe cada hoja con la mitad del aceite de oliva y espolvoree con sal y pimienta. Mezcle para cubrir bien.

Asa las rodajas de garbanzos y zanahoria en el horno precalentado durante 10 minutos, deja que las zanahorias queden crujientes y la coliflor y el brócoli hasta que estén tiernos en 20 minutos. Revuélvelos una vez a mitad del tiempo de cocción.

Mientras tanto, prepara el aderezo: En un tazón pequeño, mezcla el tahini, la miel, el jugo de limón, el ajo, la sal y la pimienta.

Divida el arroz integral cocido en cuatro tazones. Unte cada tazón de manera uniforme con las verduras asadas y el aderezo. Antes de servir, espolvorea semillas de sésamo por encima para decorar.

Nutrición (por 100 gramos):453 calorías 17,8 g de grasa 11,2 g de carbohidratos 12,1 g de proteína 793 mg de sodio

Coliflor con zanahoria picada

Tiempo de preparación: 10 minutos.

Hora de cocinar: 10 minutos

Porciones: 4

Nivel de dificultad: Fácil

Ingredientes:

- 3 cucharadas de aceite de oliva virgen extra
- 1 cebolla grande finamente picada
- 1 cucharada de ajo picado
- 2 tazas de zanahorias picadas
- 4 tazas de floretes de coliflor
- ½ cucharadita de comino molido
- 1 cucharadita de sal

Títulos:

Calienta el aceite de oliva a fuego medio. Mezclar la cebolla y el ajo y sofreír durante 1 minuto. Agrega las zanahorias y sofríe por 3 minutos. Agregue los floretes de coliflor, el comino y la sal y revuelva para combinar.

Cubra y hornee por 3 minutos hasta que esté ligeramente dorado. Mezcle bien y cocine descubierto durante 3-4 minutos hasta que esté suave. Retirar del fuego y servir tibio.

Nutrición (por 100 gramos):158 calorías 10,8 g de grasa 5,1 g de carbohidratos 3,1 g de proteína 813 mg de sodio

Dados de calabacín con ajo y menta

Tiempo de preparación: 5 minutos.

Hora de cocinar: 10 minutos

Porciones: 4

Nivel de dificultad: Fácil

Ingredientes:

- 3 calabacines verdes grandes
- 3 cucharadas de aceite de oliva virgen extra
- 1 cebolla grande finamente picada
- 3 dientes de ajo finamente picados
- 1 cucharadita de sal
- 1 cucharadita de menta seca

Títulos:

Calienta el aceite de oliva en una sartén grande a fuego medio.

Agregue la cebolla y el ajo y saltee durante 3 minutos, revolviendo constantemente, o hasta que se ablanden.

Agrega los cubos de calabacín y la sal y cocina por 5 minutos o hasta que los calabacines estén dorados y tiernos.

Agrega la menta a la sartén, revuelve y cocina por otros 2 minutos. Servir caliente.

Nutrición (por 100 gramos):146 calorías 10,6 g de grasa 3 g de carbohidratos 4,2 g de proteína 789 mg de sodio

Plato de calabacín y alcachofas con faro

Tiempo de preparación: 15 minutos.

Hora de cocinar: 10 minutos

Porciones: 6

Nivel de dificultad: Fácil

Ingredientes:

- 1/3 taza de aceite de oliva virgen extra
- 1/3 taza de cebolla morada picada
- ½ taza de pimiento rojo picado
- 2 dientes de ajo, finamente picados
- 1 taza de calabacín, cortado en rodajas de media pulgada de grosor
- ½ taza de alcachofas picadas en trozos grandes
- ½ taza de garbanzos enlatados, escurridos y enjuagados
- 3 tazas de faro cocido
- Sal y pimienta negra al gusto
- ½ taza de queso feta desmenuzado, para servir (opcional)
- ¼ de taza de aceitunas en rodajas, para servir (opcional)
- 2 cucharadas de albahaca fresca, gasa, para servir (opcional)
- 3 cucharadas de vinagre balsámico, para servir (opcional)

Títulos:

En una sartén grande, caliente el aceite de oliva a fuego medio hasta que brille. Agregue la cebolla, el pimiento morrón y el ajo y cocine por 5 minutos, revolviendo ocasionalmente, hasta que se ablanden.

Añade las rodajas de calabacín, las alcachofas y los garbanzos y añade aprox. Cocine a fuego lento durante 5 minutos hasta que se ablanden un poco. Agregue el faro cocido y revuelva hasta que esté completamente caliente. Condimentar con sal y pimienta.

Divida la mezcla en tazones. Unte cada tazón uniformemente con queso feta, aceitunas en rodajas y albahaca, y rocíe con vinagre balsámico si es necesario.

Nutrición (por 100 gramos):366 calorías 19,9 g de grasa 9 g de carbohidratos 9,3 g de proteína 819 mg de sodio

5 Ingredientes para buñuelos de calabacín

Tiempo de preparación: 15 minutos.

Hora de cocinar: 5 minutos

Porciones: 14

Nivel de dificultad: medio

Ingredientes:

- 4 tazas de calabacín rallado
- Sal al gusto
- 2 huevos grandes, ligeramente batidos
- 1/3 taza de cebollines en rodajas
- 2/3 de harina para todo uso
- 1/8 cucharadita de pimienta negra
- 2 cucharadas de aceite de oliva

Títulos:

Poner el calabacín rallado en un colador y salarlo ligeramente. Dejar reposar durante 10 minutos. Absorbe la mayor cantidad de líquido posible del calabacín rallado.

Vierta el calabacín rallado en un bol. Agrega el huevo batido, la cebolleta, la harina, la sal y la pimienta y mezcla bien.

Calienta el aceite de oliva en una sartén grande a fuego medio.

Agregue 3 cucharadas de la mezcla de calabacín a una sartén caliente para hacer cada buñuelo, colocándolos ligeramente alrededor y a una distancia de aproximadamente 2 pulgadas.

Cocine durante 2-3 minutos. Voltee los calabacines revueltos y cocine por 2 minutos más, o hasta que estén dorados y bien cocidos.

Retirar del fuego y colocar en un plato forrado con toallas de papel. Repita con el resto de la mezcla de calabacín. Servir caliente.

Nutrición (por 100 gramos):113 calorías 6,1 g de grasa 9 g de carbohidratos 4 g de proteína 793 mg de sodio

Salsa de tomate y gambas al jengibre

Tiempo de preparación: 10 minutos.

Hora de cocinar: 15 minutos

Porciones: 2

Nivel de dificultad: Difícil

Ingredientes:

- 1 1/2 cucharadas de aceite vegetal
- 1 diente de ajo picado
- 10 langostinos extra grandes, pelados y sin colas
- 3/4 cucharada del tamaño de un dedo, rallado y pelado
- 1 tomate verde, cortado por la mitad
- 2 tomates pera, cortados por la mitad
- 1 cucharada de jugo de limón, fresco
- 1/2 cucharadita de azúcar
- 1/2 cucharada de semillas de jalapeño, frescas y picadas
- 1/2 cucharada de albahaca fresca, picada
- 1/2 cucharada de cilantro, picado y fresco
- 10 brochetas
- sal marina y pimienta negra al gusto

Títulos:

Remojar las brochetas en una olla con agua durante al menos media hora.

Mezcle el ajo y el jengibre en un bol, transfiera la mitad a un bol más grande y mezcle con dos cucharadas de aceite. Agrega los camarones y asegúrate de que queden bien cubiertos.

Tapar y refrigerar durante al menos media hora, luego enfriar.

Calienta la parrilla a fuego alto y engrasa ligeramente las parrillas. Toma un bol y mezcla las ciruelas y los tomates verdes con la cucharada restante de aceite, sazona con sal y pimienta.

Los tomates se asan a la parrilla con el lado cortado hacia arriba y su piel carbonizada. La pulpa del tomate debe estar tierna, lo que debería tardar entre cuatro y seis minutos para los tomates pera y unos diez minutos para los tomates verdes.

Retire la piel cuando los tomates estén lo suficientemente fríos para manipularlos y deseche las semillas. Corta la piel del tomate en trozos pequeños y añádela al jengibre y al ajo reservados. Agrega el azúcar, el jalapeño, el jugo de limón y la albahaca.

Sazone los camarones con sal y pimienta, ensártelos en una brocheta y cocínelos hasta que estén opacos, aproximadamente dos minutos por lado. Acomoda los camarones en un plato a tu gusto y disfruta.

Nutrición (por 100 gramos):391 calorías 13 g de grasa 11 g de carbohidratos 34 g de proteína 693 mg de sodio

Camarones y pasta

Tiempo de preparación: 10 minutos.

Hora de cocinar: 10 minutos

Porciones: 2

Nivel de dificultad: medio

Ingredientes:

- 2 tazas de pasta cabello de ángel, cocida
- 1/2 libra de camarones medianos, pelados
- 1 diente de ajo picado
- 1 taza de tomates picados
- 1 cucharadita de aceite de oliva
- 1/6 taza de aceitunas Kalamata, deshuesadas y picadas
- 1/8 taza de albahaca, fresca y en rodajas finas
- 1 cucharada de alcaparras, escurridas
- 1/8 taza de queso feta, desmenuzado
- una pizca de pimienta negra

Títulos:

Cocina la pasta según las instrucciones del paquete, luego calienta el aceite de oliva en una sartén a fuego medio. Cocine el ajo durante medio minuto, luego agregue los camarones. Cocine a fuego lento por un minuto más.

Agregue la albahaca y los tomates, luego reduzca el fuego y cocine a fuego lento durante tres minutos. Los tomates deben estar blandos.

Agrega las aceitunas y las alcaparras. Agregue una pizca de pimienta negra y mezcle la mezcla de camarones y la pasta para servir. Espolvorea con queso antes de servir.

Nutrición (por 100 gramos):357 calorías 11 g de grasa 9 g de carbohidratos 30 g de proteína 871 mg de sodio

bacalao escalfado

Tiempo de preparación: 10 minutos.

Hora de cocinar: 25 minutos

Porciones: 2

Nivel de dificultad: medio

Ingredientes:

- 2 filetes de bacalao, 6 oz
- sal marina y pimienta negra al gusto
- 1/4 taza de vino blanco seco
- 1/4 taza de caldo de mariscos
- 2 dientes de ajo, picados
- 1 hoja de laurel
- 1/2 cucharadita de salvia, fresca y finamente picada
- 2 ramitas de romero para decorar

Títulos:

Primero, enciende el horno a 375 grados, luego sazona los filetes con sal y pimienta. Colócalos en una sartén y añade el caldo, el ajo, el vino, la salvia y las hojas de laurel. Tapar bien y hornear durante veinte minutos. El pescado debe quedar escamoso al probarlo con un tenedor.

Retire cada filete con una espátula, lleve el líquido a fuego alto y cocine hasta que esté medio cocido. Esto tomará diez minutos y se revolverá con frecuencia. Sirva rociado con líquido para escalfar y adornado con una ramita de romero.

Nutrición (por 100 gramos): 361 calorías 10 g de grasa 9 g de carbohidratos 34 g de proteína 783 mg de sodio

Mejillones al vino blanco

Tiempo de preparación: 5 minutos.

Hora de cocinar: 10 minutos

Porciones: 2

Nivel de dificultad: Difícil

Ingredientes:

- 2 libras. Almejas vivas y frescas
- 1 taza de vino blanco seco
- 1/4 cucharadita de sal marina fina
- 3 dientes de ajo, picados
- 2 cucharaditas de chalotes, cortados en cubitos
- 1/4 taza de perejil, fresco y finamente picado, dividido
- 2 cucharadas de aceite de oliva
- 1/4 limón, jugo

Títulos:

Saca un colador y frota las almejas, luego enjuágalas con agua fría. Deseche los proyectiles que no se cierren al golpearlos y luego use una maquinilla para quitarles la barba a cada uno.

Retire la olla, colóquela a fuego medio-alto y agregue el ajo, las chalotas, el vino y el perejil. Vamos a hervirlo. Una vez hirviendo añadir las almejas y tapar. Déjalos hervir a fuego lento durante cinco a siete minutos. Tenga cuidado de no cocinar demasiado.

Retíralas con una espumadera y vierte en la olla el jugo de limón y el aceite de oliva. Mezclar bien y verter el caldo sobre los mejillones con el perejil antes de servir.

Nutrición (por 100 gramos):345 calorías 9 g de grasa 18 g de carbohidratos 37 g de proteína 693 mg de sodio

salmón con eneldo

Tiempo de preparación: 10 minutos.

Hora de cocinar: 15 minutos

Porciones: 2

Nivel de dificultad: medio

Ingredientes:

- 2 filetes de salmón de 6 onzas cada uno
- 1 cucharada de aceite de oliva
- 1/2 mandarina, jugo
- 2 cucharaditas de piel de naranja
- 2 cucharadas de eneldo, fresco y finamente picado
- sal marina y pimienta negra al gusto

Títulos:

Configure el horno a 375 grados y luego forre dos hojas de papel de aluminio de diez pulgadas. Frote ambos lados de los filetes con aceite de oliva antes de sazonarlos con sal y pimienta y colocar cada filete sobre un trozo de papel de aluminio.

Vierta el jugo de naranja encima, luego vierta la piel de naranja y el eneldo. Doble el paquete, asegurándose de dejar dos pulgadas de espacio de aire dentro del papel de aluminio para permitir que el pescado se cocine al vapor, luego colóquelo en una bandeja para hornear.

Hornee durante quince minutos antes de abrir los paquetes y transferirlos a dos platos para servir. Vierta la salsa sobre cada uno antes de servir.

Nutrición (por 100 gramos):366 calorías 14 g de grasa 9 g de carbohidratos 36 g de proteína 689 mg de sodio

salmón suave

Tiempo de preparación: 8 minutos.

Hora de cocinar: 8 minutos

Porciones: 2

Nivel de dificultad: Fácil

Ingredientes:

- Salmón, filete de 6 oz
- Limón, 2 rodajas
- Alcaparras, 1 cucharada
- Sal marina y pimienta, 1/8 cucharadita
- Aceite de oliva virgen extra, 1 cucharada

Títulos:

Coloca una sartén limpia a fuego medio para cocinar durante 3 minutos. Pon aceite de oliva en un plato y cubre el salmón por completo. Cuece el salmón en una sartén a fuego alto.

Unte la parte superior del salmón con los demás ingredientes y fríalo por ambos lados. Observe si ambos lados están marrones. Puede tardar entre 3 y 5 minutos por cada lado. Asegúrate de que el salmón esté cocido probándolo con un tenedor.

Servir con rodajas de limón.

Nutrición (por 100 gramos):371 calorías 25,1 g de grasa 0,9 g de carbohidratos 33,7 g de proteína 782 mg de sodio

melodía de atún

Tiempo de preparación: 20 minutos.

Hora de cocinar: 20 minutos

Porciones: 2

Nivel de dificultad: Fácil

Ingredientes:

- Atún, 12 onzas
- Cebolla verde, 1 para decorar
- Pimienta de California, ¼, picada
- Vinagre, 1 pizca
- Sal y pimienta para probar
- 1 aguacate cortado por la mitad y sin hueso
- yogur griego, 2 cucharadas

Títulos:

Mezclar en un bol el atún con el vinagre, la cebolla, el yogur, el aguacate y el pimiento.

Agrega las especias, mezcla y sirve con la guarnición de cebolla verde.

Nutrición (por 100 gramos):294 calorías 19 g de grasa 10 g de carbohidratos 12 g de proteína 836 mg de sodio

queso de mar

Tiempo de preparación: 12 minutos.

Hora de cocinar: 25 minutos

Porciones: 2

Nivel de dificultad: Fácil

Ingredientes:

- Salmón, filete de 6 oz
- albahaca seca, 1 cucharada
- Queso, 2 cucharadas, rallado
- 1 tomate en rodajas
- Aceite de oliva virgen extra, 1 cucharada

Títulos:

Prepare un horno para hornear a 375 F. Coloque una capa de papel de aluminio en una bandeja para hornear y rocíe con aceite de cocina. Transfiera con cuidado el salmón a la bandeja para hornear y vierta el resto de los ingredientes sobre él.

Deja que el salmón se dore durante 20 minutos. Deje enfriar durante cinco minutos y luego transfiéralo a un plato. Verás la cobertura en el medio del salmón.

Nutrición (por 100 gramos):411 calorías 26,6 g de grasa 1,6 g de carbohidratos 8 g de proteína 822 mg de sodio

filetes saludables

Tiempo de preparación: 10 minutos.

Hora de cocinar: 20 minutos

Porciones: 2

Nivel de dificultad: Fácil

Ingredientes:

- Aceite de oliva, 1 cucharadita
- Filete de fletán, 8 oz
- Ajo, ½ cucharadita, picado
- Mantequilla, 1 cucharada
- Sal y pimienta para probar

Títulos:

Calienta una sartén y agrega el aceite. Freír los filetes en una sartén a fuego medio, derretir la mantequilla con el ajo, la sal y la pimienta. Agrega el filete, reboza y sirve.

Nutrición (por 100 gramos):284 calorías 17 g de grasa 0,2 g de carbohidratos 8 g de proteína 755 mg de sodio

salmón con hierbas

Tiempo de preparación: 8 minutos.

Hora de cocinar: 18 minutos

Porciones: 2

Nivel de dificultad: Fácil

Ingredientes:

- Salmón, 2 filetes sin piel
- sal gruesa al gusto
- Aceite de oliva virgen extra, 1 cucharada
- 1 limón en rodajas
- romero fresco, 4 ramitas

Títulos:

Precalienta el horno a 400F. Coloque papel de aluminio en una bandeja para hornear y coloque el salmón encima. Unte la parte superior del salmón con los demás ingredientes y hornee por 20 minutos. Servir inmediatamente con una rodajita de limón.

Nutrición (por 100 gramos):257 calorías 18 g de grasa 2,7 g de carbohidratos 7 g de proteína 836 mg de sodio

Atún glaseado ahumado

Tiempo de preparación: 35 minutos.

Hora de cocinar: 10 minutos

Porciones: 2

Nivel de dificultad: Fácil

Ingredientes:

- Atún, filete de 4 oz
- Jugo de naranja, 1 cucharada
- Ajo picado, ½ diente
- Jugo de limón, ½ cucharadita
- perejil fresco, 1 cucharada, picado
- Salsa de soja, 1 cucharada
- Aceite de oliva virgen extra, 1 cucharada
- Pimienta negra molida, ¼ de cucharadita
- Orégano, ¼ de cucharadita

Títulos:

Seleccione un tazón y agregue todos los ingredientes excepto el atún. Mezcla bien y luego agrega el atún a la marinada. Pon esta mezcla en el frigorífico durante media hora. Calienta una sartén grill y cocina el atún durante 5 minutos por cada lado. Servir cocido.

Nutrición (por 100 gramos):200 calorías 7,9 g de grasa 0,3 g de carbohidratos 10 g de proteína 734 mg de sodio

fletán crujiente

Tiempo de preparación: 20 minutos.

Hora de cocinar: 15 minutos

Porciones: 2

Nivel de dificultad: Fácil

Ingredientes:

- perejil encima
- eneldo fresco, 2 cucharadas, picado
- Cebollino fresco, 2 cucharadas, picado
- aceite de oliva, 1 cucharada
- Sal y pimienta para probar
- Fletán, filete, 6 oz
- Cáscara de limón, ½ cucharadita, finamente rallada
- yogur griego, 2 cucharadas

Títulos:

Precalienta el horno a 400F. Forra una bandeja para hornear con papel de aluminio. Pon todos los ingredientes en un plato ancho y marina el filete. Enjuague y seque el filete; Luego mete al horno y hornea por 15 minutos.

Nutrición (por 100 gramos):273 calorías 7,2 g de grasa 0,4 g de carbohidratos 9 g de proteína 783 mg de sodio

En forma de atún

Tiempo de preparación: 15 minutos.

Hora de cocinar: 10 minutos

Porciones: 2

Nivel de dificultad: Fácil

Ingredientes:

- huevo, ½
- Cebolla, 1 cucharada, picada
- parte superior de apio
- Sal y pimienta para probar
- Ajo, 1 diente, picado
- Atún enlatado, 7 oz
- yogur griego, 2 cucharadas

Títulos:

Escurrir el atún, luego añadir el huevo y el yogur con ajo, sal y pimienta.

En un bol mezclar esta mezcla con la cebolla y formar hamburguesas. Coge una sartén grande y fríe las hamburguesas durante 3 minutos por lado. Escurrir y servir.

Nutrición (por 100 gramos):230 calorías 13 g de grasa 0,8 g de carbohidratos 10 g de proteína 866 mg de sodio

Filete de pescado fresco y caliente

Tiempo de preparación: 14 minutos.

Hora de cocinar: 14 minutos

Porciones: 2

Nivel de dificultad: Fácil

Ingredientes:

- Ajo, 1 diente, picado
- Jugo de limón, 1 cucharada
- Azúcar moreno, 1 cucharada
- Filete de fletán, 1 kilo
- Sal y pimienta para probar
- Salsa de soja, ¼ de cucharadita
- Mantequilla, 1 cucharadita
- yogur griego, 2 cucharadas

Títulos:

Precalienta la parrilla a fuego medio. Mezclar la mantequilla, el azúcar, el yogur, el jugo de limón, la salsa de soja y las especias en un bol. Calienta la mezcla en una sartén. Puedes usar esta mezcla para dorar el bistec mientras lo asas. Servir caliente.

Nutrición (por 100 gramos):412 calorías 19,4 g de grasa 7,6 g de carbohidratos 11 g de proteína 788 mg de sodio

Almejas O'Marine

Tiempo de preparación: 20 minutos.

Hora de cocinar: 10 minutos

Porciones: 2

Nivel de dificultad: Fácil

Ingredientes:

- Almejas lavadas y deshuesadas, 1 libra
- Leche de coco, ½ taza
- Pimienta de cayena, 1 cucharadita
- Jugo de limón fresco, 1 cucharada
- Ajo, 1 cucharadita, picado
- Cilantro recién picado para cubrir
- Azúcar moreno, 1 cucharadita

Títulos:

Mezclar todos los ingredientes excepto los mejillones en un bol. La mezcla se calienta y se lleva a ebullición. Agrega los mejillones y cocina por 10 minutos. Servir en un plato con el líquido hervido.

Nutrición (por 100 gramos):483 calorías 24,4 g de grasa 21,6 g de carbohidratos 1,2 g de proteína 499 mg de sodio

Rosbif mediterráneo en olla de cocción lenta

Tiempo de preparación: 10 minutos.

Hora de cocinar: 10 horas 10 minutos

Porciones: 6

Nivel de dificultad: medio

Ingredientes:

- 3 kilos de carne asada, deshuesada
- 2 cucharaditas de romero
- ½ taza de tomates, secados al sol y picados
- 10 dientes de ajo rallado
- ½ taza de caldo de res
- 2 cucharadas de vinagre balsámico
- ¼ de taza de perejil italiano fresco picado
- ¼ taza de aceitunas picadas
- 1 cucharadita de cáscara de limón
- ¼ taza de requesón

Títulos:

Coloque el ajo, los tomates secados al sol y el rosbif en la olla de cocción lenta. Agrega el caldo de res y el romero. Cierra la olla y cocina a fuego lento durante 10 horas.

Después de cocinar, retirar la carne y desmenuzarla. Deseche la grasa. Regrese la carne desmenuzada a la olla de cocción lenta y cocine a fuego lento durante 10 minutos. Mezcla la ralladura de limón, el perejil y las aceitunas en un tazón pequeño. Enfriar la mezcla hasta servir. Adorne con la mezcla enfriada.

Servir con pasta o fideos de huevo. Unte la parte superior con queso rallado.

Nutrición (por 100 gramos):314 calorías 19 g de grasa 1 g de carbohidratos 32 g de proteína 778 mg de sodio

Carne mediterránea en olla de cocción lenta con alcachofas

Tiempo de preparación: 3 horas 20 minutos

Hora de cocinar: 7 horas 8 minutos

Porciones: 6

Nivel de dificultad: Fácil

Ingredientes:

- 2 kilos de carne de res para guiso
- 14 oz de corazones de alcachofa
- 1 cucharada de aceite de semilla de uva
- 1 cebolla finamente picada
- 32 onzas de caldo de res
- 4 dientes de ajo rallados
- 14½ onzas de tomates enlatados, cortados en cubitos
- 15 onzas de salsa de tomate
- 1 cucharadita de orégano seco
- ½ taza de aceitunas picadas y sin hueso
- 1 cucharadita de perejil seco
- 1 cucharadita de orégano seco
- ½ cucharadita de comino molido
- 1 cucharadita de albahaca seca
- 1 hoja de laurel
- ½ cucharadita de sal

Títulos:

Vierte un poco de aceite en una sartén antiadherente grande y calienta a fuego medio-alto. Freír la carne hasta que se dore por ambos lados. Transfiera la carne a una olla de cocción lenta.

Agrega el caldo, los tomates cortados en cubitos, la salsa de tomate, la sal y mezcla. Cubra con caldo de res, tomates cortados en cubitos, orégano, aceitunas, albahaca, perejil, hojas de laurel y comino. Mezclar bien la mezcla.

Tapar y cocinar a fuego lento durante 7 horas. Deseche la hoja de laurel al servir. Servir caliente.

Nutrición (por 100 gramos):416 calorías 5 g de grasa 14,1 g de carbohidratos 29,9 g de proteína 811 mg de sodio

Asado magro estilo mediterráneo en olla de cocción lenta

Tiempo de preparación: 30 minutos.

Tiempo de cocción: 8 horas.

Porciones: 10

Nivel de dificultad: Difícil

Ingredientes:

- 4 kilos de granos redondos tostados
- 4 dientes de ajo
- 2 cucharaditas de aceite de oliva
- 1 cucharadita de pimienta negra recién molida
- 1 taza de cebolla picada
- 4 zanahorias, finamente picadas
- 2 cucharaditas de romero seco
- 2 tallos de apio, picados
- Lata de 28 oz de tomates triturados
- 1 taza de caldo de res bajo en sodio
- 1 taza de vino tinto
- 2 cucharaditas de sal

Títulos:

Sazone el rosbif con sal, ajo y pimienta y reserve. Vierte el aceite en una sartén antiadherente y calienta a fuego medio-alto. Agregue la carne y cocine hasta que se dore por todos lados. Ahora transfiera el rosbif a una olla de cocción lenta de 6 cuartos. Agrega las zanahorias, las cebollas, el romero y el apio a la sartén. Cocine hasta que la cebolla y las verduras estén suaves.

Agrega los tomates y el vino a esta mezcla de verduras. Agrega la mezcla de caldo de res y tomate a la olla de cocción lenta junto con la mezcla de verduras. Tapar y cocinar a fuego lento durante 8 horas.

Cuando la carne esté cocida, retírala de la olla de cocción lenta, colócala sobre una tabla de cortar y envuélvela en papel de aluminio. Para espesar la salsa, transfiérala a una sartén y cocine a fuego lento hasta que alcance la consistencia deseada. Deseche la grasa antes de servir.

Nutrición (por 100 gramos):260 calorías 6 g de grasa 8,7 g de carbohidratos 37,6 g de proteína 588 mg de sodio

Pastel de carne en olla de cocción lenta

Tiempo de preparación: 10 minutos.

Hora de cocinar: 6 horas 10 minutos

Porciones: 8

Nivel de dificultad: medio

Ingredientes:

- 2 kilos de bisonte molido
- 1 calabacín rallado
- 2 huevos grandes
- Aceite en aerosol para cocinar según sea necesario
- 1 calabacín rallado
- ½ taza de perejil, fresco, picado
- ½ taza de queso parmesano rallado
- 3 cucharadas de vinagre balsámico
- 4 dientes de ajo rallados
- 2 cucharadas de cebolla picada
- 1 cucharada de orégano seco
- ½ cucharadita de pimienta negra molida
- ½ cucharadita de sal kosher
- Para el Aliño:
- ¼ taza de queso mozzarella rallado
- ¼ taza de salsa de tomate sin azúcar
- ¼ taza de perejil fresco picado

Títulos:

Cubra el interior de una olla de cocción lenta de seis cuartos con papel de aluminio. Rocíelo con aceite de cocina antiadherente.

En un tazón grande, combine bisonte molido o solomillo molido extra magro, calabacín, huevo, perejil, vinagre balsámico, ajo, orégano seco, sal marina o kosher, cebolla seca picada y pimienta negra molida.

Coloque esta mezcla en la olla de cocción lenta y forme una hogaza de forma oblonga. Tapar la olla, llevar a ebullición y cocinar durante 6 horas. Después de cocinar, abre la olla y esparce la salsa de tomate por todo el pastel de carne.

Ahora coloque el queso encima de la salsa de tomate como una nueva capa y cierre la olla de cocción lenta. Deje reposar el pastel de carne encima de las dos capas durante unos 10 minutos o hasta que el queso comience a derretirse. Adorne con perejil fresco y queso mozzarella rallado.

Nutrición (por 100 gramos):320 calorías 2 g de grasa 4 g de carbohidratos 26 g de proteína 681 mg de sodio

Carne de res mediterránea en olla de cocción lenta

Tiempo de preparación: 10 minutos.

Tiempo de cocción: 13 horas.

Porciones: 6

Nivel de dificultad: medio

Ingredientes:

- 3 kilos de rosbif magro
- ½ cucharadita de cebolla en polvo
- ½ cucharadita de pimienta negra
- 3 tazas de caldo de res bajo en sodio
- 4 cucharaditas de mezcla de aderezo para ensalada
- 1 hoja de laurel
- 1 cucharada de ajo picado
- 2 pimientos rojos cortados en tiras finas
- 16 onzas de pepperoncino
- 8 rebanadas de provolone sargento, finas
- 2 onzas de pan sin gluten
- ½ cucharadita de sal
- <u>Para la temporada:</u>
- 1½ cucharadas de cebolla en polvo
- 1½ cucharadas de ajo en polvo
- 2 cucharadas de perejil seco

- 1 cucharada de estevia
- ½ cucharadita de tomillo seco
- 1 cucharada de orégano seco
- 2 cucharadas de pimienta negra
- 1 cucharada de sal
- 6 rebanadas de queso

Títulos:

Seque los asados con una toalla de papel. Mezcle la pimienta negra, la cebolla en polvo y la sal en un tazón pequeño y frote la mezcla sobre el asado. Coloque el asado sazonado en una olla de cocción lenta.

Agregue el caldo, la mezcla de aderezos para ensaladas, las hojas de laurel y el ajo a la olla de cocción lenta. Licue con cuidado. Sellar y cocinar a fuego lento durante 12 horas. Después de cocinar, retire la hoja de laurel.

Saque la carne asada y pique la carne. Sustituir la carne rallada y añadir el pimentón y. Agrega los pimientos morrones y el pepperoncino a la olla de cocción lenta. Tapa la olla y cocina a fuego lento durante 1 hora. Antes de servir, unte la parte superior de cada panecillo con 3 onzas de la mezcla de carne. Unte una loncha de queso encima. La salsa líquida se puede utilizar como salsa.

Nutrición (por 100 gramos):442 calorías 11,5 g de grasa 37 g de carbohidratos 49 g de proteína 735 mg de sodio

Cerdo asado mediterráneo

Tiempo de preparación: 10 minutos.

Hora de cocinar: 8 horas 10 minutos

Porciones: 6

Nivel de dificultad: medio

Ingredientes:

- 2 cucharadas de aceite de oliva
- 2 kilos de cerdo asado
- ½ cucharadita de pimentón
- ¾ taza de caldo de pollo
- 2 cucharaditas de salvia seca
- ½ cucharada de ajo picado
- ¼ cucharadita de mejorana seca
- ¼ cucharadita de romero seco
- 1 cucharadita de orégano
- ¼ cucharadita de tomillo seco
- 1 cucharadita de albahaca
- ¼ de cucharadita de sal kosher

Títulos:

Mezcle el caldo, el aceite, la sal y las especias en un tazón pequeño.

Vierte el aceite de oliva en una sartén y caliéntalo a temperatura media-alta. Agregue la carne de cerdo y ase hasta que se dore por todos lados.

Después de cocinar, retirar la carne de cerdo y perforar todo el asado con un cuchillo. Coloque el cerdo asado picado en una olla de 6 cuartos. Ahora vierte la mezcla líquida del tazón pequeño sobre todo el asado.

Selle la olla y cocine al vapor durante 8 horas. Después de cocinarlo, sácalo de la olla, colócalo sobre una tabla de cortar y córtalo. Luego regresa la carne de cerdo a la olla de cocción lenta. Cocine a fuego lento durante otros 10 minutos. Sirva con queso feta, pan pita y tomates.

Nutrición (por 100 gramos):361 calorías 10,4 g de grasa 0,7 g de carbohidratos 43,8 g de proteína 980 mg de sodio

pizza de carne

Tiempo de preparación: 20 minutos.

Hora de cocinar: 50 minutos

Porciones: 10

Nivel de dificultad: Difícil

Ingredientes:

- <u>Para la corteza:</u>
- 3 tazas de harina para todo uso
- 1 cucharada de azúcar
- 2¼ cucharaditas de levadura seca activa
- 1 cucharadita de sal
- 2 cucharadas de aceite de oliva
- 1 taza de agua tibia
- <u>Encubrir:</u>
- 1 kilo de carne molida
- 1 cebolla morada mediana finamente picada
- 2 cucharadas de pasta de tomate
- 1 cucharada de comino molido
- Sal y pimienta negra molida al gusto
- ¼ taza de agua
- 1 taza de espinacas frescas picadas
- 8 onzas de corazones de alcachofa, en cuartos
- 4 onzas de champiñones frescos, rebanados

* 2 tomates, picados

* 4 onzas de queso feta, desmenuzado

Títulos:

Para la corteza:

Mezclar la harina, el azúcar, la levadura y la sal con una batidora de pie, utilizando el gancho amasador. Agrega 2 cucharadas de aceite y agua tibia y amasa hasta tener una masa suave y elástica.

Forma una bola con la masa y déjala reposar unos 15 minutos.

Coloque la masa sobre una superficie ligeramente enharinada y extiéndala formando un círculo. Coloque la masa en un molde para pizza redondo ligeramente engrasado y presione suavemente para que encaje. Déjalo reposar durante unos 10-15 minutos. Pincelar la base con un poco de aceite. Precalienta el horno a 400F.

Encubrir:

Freír la carne en una sartén antiadherente a fuego medio-alto durante unos 4-5 minutos. Agregue la cebolla y cocine durante unos 5 minutos, revolviendo con frecuencia. Agrega la pasta de tomate, el comino, la sal, la pimienta negra y el agua y mezcla.

Reduzca el fuego a medio y cocine durante unos 5-10 minutos. Retirar del fuego y dejar de lado. Vierta la mezcla de carne sobre la base de la pizza y cubra con las espinacas, luego las alcachofas, los champiñones, los tomates y el queso feta.

Hornea hasta que el queso se derrita. Retirar del horno y dejar reposar durante 3-5 minutos antes de cortar. Cortar en rodajas del tamaño deseado y servir.

Nutrición (por 100 gramos):309 calorías 8,7 g de grasa 3,7 g de carbohidratos 3,3 g de proteína 732 mg de sodio

Empanadillas de ternera y bulgur

Tiempo de preparación: 20 minutos.

Hora de cocinar: 28 minutos

Porciones: 6

Nivel de dificultad: medio

Ingredientes:

- ¾ taza de bulgur crudo
- 1 kilo de carne molida
- ¼ de taza de chalotas picadas
- ¼ taza de perejil fresco picado
- ½ cucharadita de pimienta de Jamaica molida
- ½ cucharadita de comino molido
- ½ cucharadita de canela molida
- ¼ cucharadita de hojuelas de pimiento rojo triturado
- Agregue sal según sea necesario
- 1 cucharada de aceite de oliva

Títulos:

Remoje el bulgur en un recipiente grande con agua fría durante unos 30 minutos. Escurre bien el bulgur y luego exprímelo con las manos para eliminar el exceso de agua. Licue el bulgur, la carne, las chalotas, el perejil, las especias, la sal y las legumbres en un procesador de alimentos hasta que quede suave.

Coloque la mezcla en un bol y refrigere, tapado, durante unos 30 minutos. Sácalo de la nevera y forma bolitas del mismo tamaño con la mezcla de carne. En una sartén antiadherente grande, caliente el aceite a fuego medio-alto y cocine las albóndigas en 2 tandas, aproximadamente de 13 a 14 minutos, volteándolas con frecuencia. Servir caliente.

Nutrición (por 100 gramos):228 calorías 7,4 g de grasa 0,1 g de carbohidratos 3,5 g de proteína 766 mg de sodio

Deliciosa carne de res y brócoli

Tiempo de preparación: 10 minutos.

Hora de cocinar: 15 minutos

Porciones: 4

Nivel de dificultad: Fácil

Ingredientes:

- 1 libra y ½. rebanada lateral
- 1 cucharada. aceite de oliva
- 1 cucharada. salsa tamari
- 1 taza de caldo de res
- 1 kilo de brócoli, floretes separados

Títulos:

Mezcle las tiras de bistec con aceite y tamari, mezcle y déjelas reposar por 10 minutos. Seleccione la olla instantánea en modo Saltear, coloque las tiras de carne y dore durante 4 minutos por cada lado. Agrega el caldo, tapa nuevamente la olla y cocina a fuego alto durante 8 minutos. Agrega el brócoli, tapa y cocina a fuego alto por otros 4 minutos. Divida todo en platos y sirva. ¡Disfrutar!

Nutrición (por 100 gramos):312 calorías 5 g de grasa 20 g de carbohidratos 4 g de proteína 694 mg de sodio

Chile De Maíz Con Carne

Tiempo de preparación: 8-10 minutos.

Hora de cocinar: 30 minutos

Porciones: 8

Nivel de dificultad: medio

Ingredientes:

- 2 cebollas pequeñas, finamente picadas
- ¼ taza de maíz enlatado
- 1 cucharada de aceite
- 10 onzas de carne molida magra
- 2 chiles pequeños, cortados en cubitos

Títulos:

Enciende la olla instantánea. Haga clic en el botón "Omitir". Vierte el aceite, luego agrega la cebolla, el chile y la carne; cocine hasta que esté transparente y tierno. Vierta 3 tazas de agua en la olla; mezclar bien.

Cerrar la tapa. Seleccione la opción "CARNE/ASADO". Configure el cronómetro en 20 minutos. Déjalo cocinar hasta que el cronómetro llegue a cero.

Haga clic en "CANCELAR" y luego en "NPR" para lograr una presión natural durante aproximadamente 8 a 10 minutos. Abra y coloque el plato en los platos para servir. Participar.

Nutrición (por 100 gramos):94 calorías 5 g de grasa 2 g de carbohidratos 7 g de proteína 477 mg de sodio

plato de ternera balsámico

Tiempo de preparación: 5 minutos.

Hora de cocinar: 55 minutos

Porciones: 8

Nivel de dificultad: medio

Ingredientes:

- 3 kilos de asado
- 3 dientes de ajo, en rodajas finas
- 1 cucharada de aceite
- 1 cucharadita de vinagre aromatizado
- ½ cucharadita de pimienta
- ½ cucharadita de romero
- 1 cucharada de mantequilla
- ½ cucharadita de tomillo
- ¼ de taza de vinagre balsámico
- 1 taza de caldo de res

Títulos:

Cortar hendiduras en el asado y rellenar todo el ajo en rodajas. Mezcle cl vinagre aromatizado, el romero, la pimienta y el tomillo y frote la mezcla sobre el asado. Selecciona la olla en modo Saltear y agrega el aceite, deja que se caliente. Freír ambos lados del asado.

Retirar y reservar. Agrega la mantequilla, el caldo, el vinagre balsámico y escurre la olla. Devuelva los asados, cierre la tapa y cocine a temperatura ALTA durante 40 minutos.

Haz una liberación rápida. ¡Participar!

Nutrición (por 100 gramos):393 calorías 15 g de grasa 25 g de carbohidratos 37 g de proteína 870 mg de sodio

Carne a la parrilla con salsa de soja

Tiempo de preparación: 8 minutos.

Hora de cocinar: 35 minutos

Porciones: 2-3

Nivel de dificultad: medio

Ingredientes:

- ½ cucharadita de caldo de res
- 1 ½ cucharaditas de romero
- ½ cucharadita de ajo picado
- 2 kilos de carne asada
- 1/3 taza de salsa de soja

Títulos:

Mezclar la salsa de soja, el caldo, el romero y el ajo en un bol.

Enciende la olla instantánea. Coloca el asado y vierte suficiente agua para cubrir; revuelva suavemente para mezclar bien. Cerrémoslo bien.

Haga clic en la función de cocción "CARNE/COCIDO"; establezca el nivel de presión en "ALTO" y establezca el tiempo de cocción en 35 minutos. Deje que aumente la presión para cocinar los ingredientes. Cuando termine, haga clic en "CANCELAR" y luego haga clic en la función de cocción "NPR" para liberar la presión de forma natural.

Abre poco a poco la tapa y desmenuza la carne. Vuelva a agregar la carne desmenuzada a la mezcla de la olla y mezcle bien. Colóquelo en tazones para servir. Servir caliente.

Nutrición (por 100 gramos):423 calorías 14 g de grasa 12 g de carbohidratos 21 g de proteína 884 mg de sodio

Chuleta de ternera asada con romero

Tiempo de preparación: 5 minutos.

Hora de cocinar: 45 minutos

Porciones: 5-6

Nivel de dificultad: medio

Ingredientes:

- 3 kilos de carne asada
- 3 dientes de ajo
- ¼ de taza de vinagre balsámico
- 1 ramita de romero fresco
- 1 ramita de tomillo fresco
- 1 taza de agua
- 1 cucharada de aceite vegetal
- Sal y pimienta para probar

Títulos:

Cortar el rosbif en rodajas y colocar encima los dientes de ajo.
Frote el asado con hierbas, pimienta negra y sal. Precalienta la olla
instantánea a temperatura de vapor y vierte el aceite. Cuando esté
caliente, agregue el rosbif y saltee hasta que se dore por todos
lados. Agrega el resto de los ingredientes; mezclar suavemente.

Cubra bien y cocine a fuego alto durante 40 minutos en
configuración manual. Deje que la presión se libere naturalmente
durante unos 10 minutos. Cubra y transfiera el rosbif a platos,
córtelo y sirva.

Nutrición (por 100 gramos):542 calorías 11,2 g de grasa 8,7 g de
carbohidratos 55,2 g de proteína 710 mg de sodio

Chuleta de cerdo y salsa de tomate

Tiempo de preparación: 10 minutos.

Hora de cocinar: 20 minutos

Porciones: 4

Nivel de dificultad: Fácil

Ingredientes:

- 4 chuletas de cerdo, deshuesadas
- 1 cucharada de salsa de soja
- ¼ cucharadita de aceite de sésamo
- 1 y ½ tazas de puré de tomate
- 1 cebolla amarilla
- 8 champiñones, rebanados

Títulos:

Mezclar las lonchas de cerdo con la salsa de soja y el aceite de sésamo en un bol, mezclar y dejar reposar 10 minutos. Configure la olla instantánea en modo dorar, agregue las chuletas de cerdo y dore durante 5 minutos por ambos lados. Agrega la cebolla y cocina por 1-2 minutos más. Agrega la pasta de tomate y los champiñones, mezcla, tapa y cocina a fuego alto durante 8-9 minutos. Divida todo en platos y sirva. ¡Disfrutar!

Nutrición (por 100 gramos):300 calorías 7 g de grasa 18 g de carbohidratos 4 g de proteína 801 mg de sodio

pollo con alcaparras

Tiempo de preparación: 10 minutos.

Hora de cocinar: 18 minutos

Porciones: 5

Nivel de dificultad: Difícil

Ingredientes:

- <u>para pollo:</u>
- 2 huevos
- Sal y pimienta negra molida al gusto
- 1 taza de pan rallado seco
- 2 cucharadas de aceite de oliva
- 1½ libras de pechuga de pollo deshuesada y sin piel, machacada y cortada en cubitos de ¾ de pulgada de espesor
- <u>Para la salsa de alcaparras:</u>
- 3 cucharadas de alcaparras
- ½ taza de vino blanco seco
- 3 cucharadas de jugo de limón fresco
- Sal y pimienta negra molida al gusto
- 2 cucharadas de perejil fresco picado

Títulos:

Para el pollo: En un bol poco profundo, añade el huevo, la sal y la pimienta negra y bate bien. Coloque el pan rallado en otro recipiente poco profundo. Sumerge los trozos de pollo en la mezcla de huevo y luego cúbrelos uniformemente con pan rallado. Sacuda el exceso de pan rallado.

Calienta el aceite a fuego medio y fríe los trozos de pollo durante unos 5-7 minutos por lado o hasta que estén tiernos. Con una espumadera, coloque los trozos de pollo en un plato forrado con toallas de papel. Cubre los trozos de pollo con un trozo de papel de aluminio para mantenerlos calientes.

En la misma sartén añadir todos los ingredientes de la salsa, excepto el perejil, y cocinar durante aprox. durante 2-3 minutos con agitación continua. Agrega el perejil y retira del fuego. Los trozos de pollo se sirven con salsa de alcaparras.

Nutrición (por 100 gramos):352 calorías 13,5 g de grasa 1,9 g de carbohidratos 1,2 g de proteína 741 mg de sodio

Hamburguesas de pavo con salsa de mango

Tiempo de preparación: 15 minutos.

Hora de cocinar: 10 minutos

Porciones: 6

Nivel de dificultad: Fácil

Ingredientes:

- 1½ kilos de pechuga de pavo molida
- 1 cucharadita de sal marina, dividida
- ¼ de cucharadita de pimienta negra recién molida
- 2 cucharadas de aceite de oliva virgen extra
- 2 mangos, pelados, sin hueso y cortados en cubitos
- ½ cebolla morada, finamente picada
- Zumo de 1 lima
- 1 diente de ajo picado
- ½ chile jalapeño, sin semillas y picado
- 2 cucharadas de hojas de cilantro fresco picado

Títulos:

Forme 4 hamburguesas con la pechuga de pavo y sazone con ½ cucharadita de sal marina y pimienta. Calienta el aceite de oliva en una sartén antiadherente hasta que brille. Agregue las hamburguesas de pavo y cocine hasta que estén doradas, aproximadamente 5 minutos por lado. Mientras se cocinan las hamburguesas, combine el mango, la cebolla morada, el jugo de limón, el ajo, el jalapeño, el cilantro y la ½ cucharadita de sal marina restante en un tazón pequeño. Vierta la salsa sobre las hamburguesas de pavo y sirva.

Nutrición (por 100 gramos):384 calorías 3 g de grasa 27 g de carbohidratos 34 g de proteína 692 mg de sodio

Pechuga de pavo asada con hierbas

Tiempo de preparación: 15 minutos.

Hora de cocinar: 1 hora y media (más 20 minutos de descanso)

Porciones: 6

Nivel de dificultad: medio

Ingredientes:

- 2 cucharadas de aceite de oliva virgen extra
- 4 dientes de ajo, picados
- Ralladura de 1 limón
- 1 cucharada de hojas de tomillo fresco picado
- 1 cucharada de hojas de romero frescas picadas
- 2 cucharadas de hojas de perejil italiano fresco picado
- 1 cucharadita de mostaza molida
- 1 cucharadita de sal marina
- ¼ de cucharadita de pimienta negra recién molida
- 1 (6 kilos) de pechuga de pavo con hueso y piel
- 1 taza de vino blanco seco

Títulos:

Precalienta el horno a 325°F. Mezcle el aceite de oliva, el ajo, la ralladura de limón, el tomillo, el romero, el perejil, la mostaza, la sal marina y la pimienta. Extienda la mezcla de hierbas uniformemente sobre la superficie de la pechuga de pavo, afloje la piel y frótela por debajo. Coloque la pechuga de pavo en una fuente para horno sobre una rejilla, con la piel hacia arriba.

Vierta el vino en la sartén. Ase durante 1 a 1,5 horas, hasta que el pavo alcance una temperatura interna de 165 F. Retirar del horno y dejar reposar durante 20 minutos, cubierto con papel de aluminio para mantenerlo caliente antes de cortarlo.

Nutrición (por 100 gramos):392 calorías 1 g de grasa 2 g de carbohidratos 84 g de proteína 741 mg de sodio

Salchicha de pollo y pimientos

Tiempo de preparación: 10 minutos.

Hora de cocinar: 20 minutos

Porciones: 6

Nivel de dificultad: medio

Ingredientes:

- 2 cucharadas de aceite de oliva virgen extra
- 6 enlaces italianos de salchicha de pollo
- 1 cebolla
- 1 pimiento rojo
- 1 pimiento verde
- 3 dientes de ajo finamente picados
- ½ taza de vino blanco seco
- ½ cucharadita de sal marina
- ¼ de cucharadita de pimienta negra recién molida
- 1 pizca de hojuelas de pimiento rojo

Títulos:

Calienta el aceite de oliva en una sartén grande hasta que brille. Agregue la salchicha y cocine, volteándola ocasionalmente, hasta que se dore y alcance una temperatura interna de 165 °F, de 5 a 7 minutos. Con unas pinzas, retire la salchicha de la sartén y déjela a un lado en un plato forrado con papel pergamino. Aluminio para mantener el calor.

Vuelva a calentar la sartén y agregue la cebolla, el pimiento rojo y el pimiento verde. Cocine, revolviendo ocasionalmente, hasta que las verduras comiencen a dorarse. Agrega el ajo y cocina por 30 segundos, revolviendo constantemente.

Agrega el vino, la sal marina, la pimienta y las hojuelas de pimiento rojo. Saque y doble los trozos dorados del fondo de la sartén. Cocine a fuego lento durante unos 4 minutos más, revolviendo, hasta que el líquido se reduzca a la mitad. Vierte el pimentón sobre las salchichas y sirve.

Nutrición (por 100 gramos):173 calorías 1 g de grasa 6 g de carbohidratos 22 g de proteína 582 mg de sodio

pollo Piccata

Tiempo de preparación: 10 minutos.

Hora de cocinar: 15 minutos

Porciones: 6

Nivel de dificultad: medio

Ingredientes:

- ½ taza de harina integral
- ½ cucharadita de sal marina
- 1/8 cucharadita de pimienta negra recién molida
- 1½ kilos de pechuga de pollo, cortada en 6 partes
- 3 cucharadas de aceite de oliva virgen extra
- 1 taza de caldo de pollo sin sal
- ½ taza de vino blanco seco
- Jugo de 1 limón
- Ralladura de 1 limón
- ¼ de taza de alcaparras, escurrir y enjuagar
- ¼ taza de hojas de perejil fresco picado

Títulos:

Mezcle la harina, la sal marina y la pimienta en un recipiente plano. Frote la pechuga de pollo con harina y sacuda el exceso. Cocine el aceite de oliva hasta que se dore.

Agrega el pollo y agrega aprox. Freír durante 4 minutos. Retire el pollo de la sartén y déjelo a un lado, cubierto con papel de aluminio para mantenerlo caliente.

Regresa la sartén al fuego y agrega el caldo, el vino, el jugo de limón, la ralladura de limón y las alcaparras. Use el lado de una cuchara para incorporar los trozos dorados del fondo de la sartén. Cocine a fuego lento hasta que el líquido espese. Retire la sartén del fuego y transfiera el pollo a la sartén. Voltear para cubrir. Agrega el perejil y sirve.

Nutrición (por 100 gramos):153 calorías 2 g de grasa 9 g de carbohidratos 8 g de proteína 692 mg de sodio

Pollo toscano en una sartén

Tiempo de preparación: 10 minutos.

Hora de cocinar: 25 minutos

Porciones: 6

Nivel de dificultad: Difícil

Ingredientes:

- ¼ de taza de aceite de oliva virgen extra, cantidad dividida
- 1 libra de pechuga de pollo deshuesada y sin piel, cortada en trozos de ¾ de pulgada
- 1 cebolla finamente picada
- 1 pimiento rojo, picado
- 3 dientes de ajo finamente picados
- ½ taza de vino blanco seco
- 1 lata (14 onzas) de tomates triturados, sin escurrir
- 1 lata (14 oz) de tomates picados, escurridos
- 1 lata (14 oz) de frijoles blancos, escurridos
- 1 cucharada de mezcla de condimentos italianos secos
- ½ cucharadita de sal marina
- 1/8 cucharadita de pimienta negra recién molida
- 1/8 cucharadita de hojuelas de pimiento rojo
- ¼ de taza de hojas de albahaca fresca picadas

Títulos:

Cocine 2 cucharadas de aceite de oliva hasta que brille. Agrega el pollo y fríe hasta que se dore. Retire el pollo de la sartén y déjelo a un lado en un plato, cubierto con papel de aluminio para mantenerlo caliente.

Regresa la sartén al fuego y calienta el aceite de oliva restante. Agrega la cebolla y el pimiento rojo. Cocine, revolviendo raramente, hasta que las verduras estén tiernas. Agrega el ajo y cocina por 30 segundos, revolviendo constantemente.

Agrega el vino y usa el lado de una cuchara para quitar los trozos dorados del fondo de la sartén. Cocine por 1 minuto, revolviendo.

Agregue los tomates triturados picados, las judías verdes, el condimento italiano, la sal marina, la pimienta y las hojuelas de pimiento rojo. Vamos a hervirlo. Cocine por 5 minutos, revolviendo ocasionalmente.

Devuelve el pollo y el jugo acumulado a la sartén. Cocine hasta que el pollo esté tierno. Antes de servir, retira del fuego y añade la albahaca.

Nutrición (por 100 gramos):271 calorías 8 g de grasa 29 g de carbohidratos 14 g de proteína 596 mg de sodio

pollo kapama

Tiempo de preparación: 10 minutos.

Tiempo de cocción: 2 horas.

Porciones: 4

Nivel de dificultad: medio

Ingredientes:

- 1 lata (32 oz) de tomates cortados en cubitos, escurridos
- ¼ de taza de vino blanco seco
- 2 cucharadas de pasta de tomate
- 3 cucharadas de aceite de oliva virgen extra
- ¼ cucharadita de hojuelas de pimiento rojo
- 1 cucharadita de pimienta de Jamaica molida
- ½ cucharadita de orégano seco
- 2 dientes enteros
- 1 rama de canela
- ½ cucharadita de sal marina
- 1/8 cucharadita de pimienta negra recién molida
- 4 mitades de pechuga de pollo deshuesadas y sin piel

Títulos:

En una olla grande, combine los tomates, el vino, la pasta de tomate, el aceite de oliva, las hojuelas de pimiento rojo, la pimienta de Jamaica, el orégano, el clavo, la ramita de canela, la sal marina y la pimienta. Llevar a ebullición a fuego lento, revolviendo ocasionalmente. Déjalo cocinar durante 30 minutos, revolviendo ocasionalmente. Retire y deseche los dientes enteros y la rama de canela de la salsa y deje que la salsa se enfríe.

Precalienta el horno a 350°F. Coloque el pollo en una fuente para hornear de 9 por 13 pulgadas. Vierte la salsa sobre el pollo y cubre la sartén con papel de aluminio. Continúe horneando hasta alcanzar una temperatura interna de 165 °F.

Nutrición (por 100 gramos):220 calorías 3 g de grasa 11 g de carbohidratos 8 g de proteína 923 mg de sodio

Pechuga de pollo rellena de espinacas y queso feta

Tiempo de preparación: 10 minutos.

Hora de cocinar: 45 minutos

Porciones: 4

Nivel de dificultad: medio

Ingredientes:

- 2 cucharadas de aceite de oliva virgen extra
- 1 kilo de espinacas tiernas frescas
- 3 dientes de ajo finamente picados
- Ralladura de 1 limón
- ½ cucharadita de sal marina
- 1/8 cucharadita de pimienta negra recién molida
- ½ taza de queso feta desmenuzado
- 4 pechugas de pollo deshuesadas y sin piel

Títulos:

Precalienta el horno a 350°F. Cocine el aceite de oliva a fuego medio hasta que brille. Agrega las espinacas. Continúe cocinando y revolviendo hasta que se ablanden.

Agrega el ajo, la ralladura de limón, la sal marina y la pimienta. Cocine por 30 segundos, revolviendo constantemente. Déjalo enfriar un poco y mézclalo con el queso.

Extienda la mezcla de espinacas y queso sobre los trozos de pollo en una capa uniforme y enrolle la pechuga sobre el relleno. Se debe mantener cerrado con un palillo o con hilo de carnicero. Coloque las pechugas en una fuente para hornear de 9 por 13 pulgadas y hornee durante 30 a 40 minutos, o hasta que la temperatura interna del pollo sea de 165° F. Retírela del horno y déjela reposar durante 5 minutos antes de cortarla y servirla.

Nutrición (por 100 gramos):263 calorías 3 g de grasa 7 g de carbohidratos 17 g de proteína 639 mg de sodio

Muslos de pollo asados con romero

Tiempo de preparación: 5 minutos.

Tiempo de cocción: 1 hora.

Porciones: 6

Nivel de dificultad: Fácil

Ingredientes:

- 2 cucharadas de hojas de romero frescas picadas
- 1 cucharadita de ajo en polvo
- ½ cucharadita de sal marina
- 1/8 cucharadita de pimienta negra recién molida
- Ralladura de 1 limón
- 12 muslos de pollo

Títulos:

Precalienta el horno a 350°F. Mezcla el romero, el ajo en polvo, la sal marina, la pimienta y la ralladura de limón.

Coloque los muslos en una fuente para hornear de 9 por 13 pulgadas y espolvoree con la mezcla de romero. Cocine hasta que el pollo alcance una temperatura interna de 165°F.

Nutrición (por 100 gramos):163 calorías 1 g de grasa 2 g de carbohidratos 26 g de proteína 633 mg de sodio

Pollo con cebolla, patatas, higos y zanahorias.

Tiempo de preparación: 5 minutos.

Hora de cocinar: 45 minutos

Porciones: 4

Nivel de dificultad: medio

Ingredientes:

- 2 tazas de papas, cortadas a la mitad
- 4 higos frescos cortados en cuartos
- 2 zanahorias en juliana
- 2 cucharadas de aceite de oliva virgen extra
- 1 cucharadita de sal marina, dividida
- ¼ de cucharadita de pimienta negra recién molida
- 4 cuartos de muslo de pollo
- 2 cucharadas de hojas de perejil fresco picado

Títulos:

Precalienta el horno a 425°F. En un tazón pequeño, mezcle las papas, los higos y las zanahorias con aceite de oliva, ½ cucharadita de sal marina y pimienta. Extiéndalo en un molde de 9 por 13 pulgadas.

Sazone el pollo con la sal marina restante. Colocar encima de las verduras. Cocine hasta que las verduras estén tiernas y el pollo alcance una temperatura interna de 165°F. Espolvorea con perejil y sirve.

Nutrición (por 100 gramos):429 calorías 4 g de grasa 27 g de carbohidratos 52 g de proteína 581 mg de sodio

Pollo Gyros con Tzatziki

Tiempo de preparación: 15 minutos.

Hora de cocinar: 1 hora 20 minutos

Porciones: 6

Nivel de dificultad: medio

Ingredientes:

- 1 kilo de pechuga de pollo molida
- 1 cebolla morada, rallada y escurrida del exceso de agua
- 2 cucharadas de romero seco
- 1 cucharada de mejorana seca
- 6 dientes de ajo picados
- ½ cucharadita de sal marina
- ¼ de cucharadita de pimienta negra recién molida
- salsa tzatziki

Títulos:

Precalienta el horno a 350°F. Licue el pollo, la cebolla, el romero, la mejorana, el ajo, la sal marina y la pimienta en un procesador de alimentos. Revuelve hasta que la mezcla forme una pasta. Alternativamente, mezcle estos ingredientes en un tazón hasta que estén bien combinados (consulte el consejo de preparación).

Presiona la mezcla en la sartén. Hornee hasta que alcance una temperatura interna de 165 grados. Retirar del horno y dejar reposar durante 20 minutos antes de cortar.

Corta el gyro y vierte la salsa tzatziki por encima.

Nutrición (por 100 gramos):289 calorías 1 g de grasa 20 g de carbohidratos 50 g de proteína 622 mg de sodio

Musaka

Tiempo de preparación: 10 minutos.

Hora de cocinar: 45 minutos

Porciones: 8

Nivel de dificultad: Difícil

Ingredientes:

- 5 cucharadas de aceite de oliva virgen extra, dividido
- 1 berenjena, en rodajas (sin pelar)
- 1 cebolla finamente picada
- 1 pimiento verde, sin semillas y picado
- 1 kilo de pavo molido
- 3 dientes de ajo finamente picados
- 2 cucharadas de pasta de tomate
- 1 lata (14 oz) de tomates picados, escurridos
- 1 cucharada de condimento italiano
- 2 cucharaditas de salsa inglesa
- 1 cucharadita de orégano seco
- ½ cucharadita de canela molida
- 1 taza de yogur griego natural sin grasa y sin azúcar
- 1 huevo batido
- ¼ de cucharadita de pimienta negra recién molida
- ¼ cucharadita de nuez moscada molida
- ¼ taza de queso parmesano rallado
- 2 cucharadas de hojas de perejil fresco picado

Títulos:

Precalienta el horno a 400°F. Freír en 3 cucharadas de aceite de oliva hasta que estén brillantes. Agrega las rodajas de berenjena y sofríe por ambos lados durante 3-4 minutos. Escurrir sobre una toalla de papel.

Regrese la sartén al fuego y vierta las 2 cucharadas restantes de aceite de oliva. Agrega la cebolla y el pimiento verde. Cocine hasta que las verduras estén suaves. Remueve de la sartén y pon a un lado.

Retira la sartén del fuego y agrega el pavo. Cocine durante unos 5 minutos, rompiéndolo con una cuchara, hasta que esté dorado. Agrega el ajo y cocina por 30 segundos, revolviendo constantemente.

Agrega la pasta de tomate, los tomates, el condimento italiano, la salsa inglesa, el orégano y la canela. Regrese las cebollas y los pimientos a la sartén. Cocine por 5 minutos, revolviendo. Mezclar yogur, huevo, pimienta, nuez moscada y queso.

Coloque la mitad de la mezcla de carne en una fuente para hornear de 9 por 13 pulgadas. Cubra con la mitad de la berenjena. Agrega el resto de la mezcla de carne y la berenjena restante. Unte con la mezcla de yogur. Hornee hasta que esté dorado. Adorne con perejil y sirva.

Nutrición (por 100 gramos):338 calorías 5 g de grasa 16 g de carbohidratos 28 g de proteína 569 mg de sodio

Lomo de cerdo Dijon y hierbas

Tiempo de preparación: 10 minutos.

Hora de cocinar: 30 minutos

Porciones: 6

Nivel de dificultad: medio

Ingredientes:

- ½ taza de hojas frescas de perejil italiano, finamente picadas
- 3 cucharadas de hojas frescas de romero, picadas
- 3 cucharadas de hojas frescas de tomillo, finamente picadas
- 3 cucharadas de mostaza Dijon
- 1 cucharada de aceite de oliva virgen extra
- 4 dientes de ajo, picados
- ½ cucharadita de sal marina
- ¼ de cucharadita de pimienta negra recién molida
- 1 (1½ libra) de lomo de cerdo

Títulos:

Precaliente el horno a 400 F. Agregue el perejil, el romero, el tomillo, la mostaza, el aceite de oliva, el ajo, la sal marina y la pimienta. Procese durante unos 30 segundos hasta que quede suave. Extienda la mezcla uniformemente sobre la carne de cerdo y colóquela en una bandeja para hornear con borde.

Cocine hasta que la carne alcance una temperatura interna de 140° F. Retirar del horno y dejar reposar durante 10 minutos antes de cortar y servir.

Nutrición (por 100 gramos):393 calorías 3 g de grasa 5 g de carbohidratos 74 g de proteína 697 mg de sodio

Filete con salsa de vino tinto y champiñones

Tiempo de preparación: minutos más 8 horas para el decapado

Hora de cocinar: 20 minutos

Porciones: 4

Nivel de dificultad: Difícil

Ingredientes:

- <u>Para la marinada y el bistec</u>
- 1 taza de vino tinto seco
- 3 dientes de ajo finamente picados
- 2 cucharadas de aceite de oliva virgen extra
- 1 cucharada de salsa de soja baja en sodio
- 1 cucharada de tomillo seco
- 1 cucharadita de mostaza Dijon
- 2 cucharadas de aceite de oliva virgen extra
- 1 a 1,5 libras de filete de falda, filete a la parrilla o filete de tres puntas
- <u>Para la salsa de champiñones</u>
- 2 cucharadas de aceite de oliva virgen extra
- 1 kilo de champiñones cremini, cortados en cuartos
- ½ cucharadita de sal marina
- 1 cucharadita de tomillo seco

- 1/8 cucharadita de pimienta negra recién molida
- 2 dientes de ajo, finamente picados
- 1 taza de vino tinto seco

Títulos:

Para preparar la marinada y el bistec

En un bol pequeño, mezcla el vino, el ajo, el aceite de oliva, la salsa de soja, el tomillo y la mostaza. Vierta en una bolsa con cierre y agregue el bistec. Marina el bistec en el frigorífico durante 4-8 horas. Retire el filete de la marinada y séquelo con una toalla de papel.

Calienta el aceite de oliva en una sartén grande hasta que brille.

Agregue el bistec y cocine durante unos 4 minutos por lado, hasta que ambos lados estén dorados y el bistec alcance una temperatura interna de 140°F. Retire el filete de la sartén y colóquelo en un plato forrado con papel de aluminio para mantenerlo caliente. Mientras preparas la salsa de champiñones.

Cuando la salsa de champiñones esté lista, corte el filete en rodajas de ½ pulgada de grosor a lo largo de la fibra.

Para preparar la salsa de champiñones

Calienta el aceite en la misma sartén a fuego medio-alto. Agrega los champiñones, la sal marina, el tomillo y la pimienta. Cocine durante unos 6 minutos, revolviendo raramente, hasta que los champiñones estén dorados.

Saltear el ajo. Agregue el vino y use el lado de una cuchara de madera para raspar los trozos dorados del fondo de la sartén. Cocine hasta que el líquido se reduzca a la mitad. Sirve los champiñones sobre el bistec.

Nutrición (por 100 gramos):405 calorías 5 g de grasa 7 g de carbohidratos 33 g de proteína 842 mg de sodio

albóndigas griegas

Tiempo de preparación: 20 minutos.

Hora de cocinar: 25 minutos

Porciones: 4

Nivel de dificultad: medio

Ingredientes:

- 2 rebanadas de pan integral
- 1¼ libras de pavo molido
- 1 huevo
- ¼ taza de pan rallado integral sazonado
- 3 dientes de ajo finamente picados
- ¼ de cebolla morada rallada
- ¼ de taza de hojas de perejil italiano fresco picado
- 2 cucharadas de hojas de menta fresca picadas
- 2 cucharadas de hojas de orégano fresco picadas
- ½ cucharadita de sal marina
- ¼ de cucharadita de pimienta negra recién molida

Títulos:

Precalienta el horno a 350°F. Coloque papel para hornear o papel de aluminio en la bandeja para hornear. Coloca el pan bajo agua para humedecerlo y exprime el exceso. Corta el pan húmedo en trozos pequeños y colócalo en un bol mediano.

Agrega el pavo, el huevo, el pan rallado, el ajo, la cebolla morada, el perejil, la menta, el orégano, la sal marina y la pimienta. Mezclar bien. Forme bolitas de ¼ de taza con la mezcla. Coloque las albóndigas en el molde preparado y hornee por unos 25 minutos o hasta que la temperatura interna alcance los 165°F.

Nutrición (por 100 gramos):350 calorías 6 g de grasa 10 g de carbohidratos 42 g de proteína 842 mg de sodio

Cordero con frijoles

Tiempo de preparación: 10 minutos.

Tiempo de cocción: 1 hora.

Porciones: 6

Nivel de dificultad: Difícil

Ingredientes:

- ¼ de taza de aceite de oliva virgen extra, cantidad dividida
- 6 chuletas de cordero, sin grasa extra
- 1 cucharadita de sal marina, dividida
- ½ cucharadita de pimienta negra recién molida
- 2 cucharadas de pasta de tomate
- 1½ tazas de agua caliente
- 1 kilo de judías verdes, peladas y cortadas por la mitad en forma transversal
- 1 cebolla finamente picada
- 2 tomates, picados

Títulos:

Calienta 2 cucharadas de aceite de oliva en una sartén grande hasta que brille. Sazone las chuletas de cordero con ½ cucharadita de sal marina y 1/8 de cucharadita de pimienta. Freír el cordero en aceite caliente durante unos 4 minutos por lado hasta que se dore por ambos lados. Coloca la carne en un bol y reserva.

Regrese la sartén al fuego y agregue las 2 cucharadas restantes de aceite de oliva. Calentar hasta que brille.

Derrita la pasta de tomate en agua caliente en un bol. Agregue a la sartén caliente junto con las judías verdes, la cebolla, los tomates y la ½ cucharadita restante de sal marina y ¼ de cucharadita de pimienta. Deje hervir a fuego lento, usando el costado de una cuchara para raspar los trozos dorados del fondo de la sartén.

Devuelve las chuletas de cordero a la sartén. Llevar a ebullición y reducir el fuego a medio-bajo. Cocine a fuego lento durante 45 minutos hasta que los frijoles estén tiernos, agregando agua según sea necesario para ajustar el espesor de la salsa.

Nutrición (por 100 gramos):439 calorías 4 g de grasa 10 g de carbohidratos 50 g de proteína 745 mg de sodio

Pollo en salsa de tomate y balsámico

Tiempo de preparación: 10 minutos.

Hora de cocinar: 20 minutos

Porciones: 4

Nivel de dificultad: medio

Ingredientes

- 2 (8 oz o 226,7 g) pechugas de pollo deshuesadas y sin piel
- ½ cucharadita de sal
- ½ cucharadita de pimienta molida
- 3 cucharadas de aceite de oliva virgen extra
- ½ taza de tomates cherry, cortados por la mitad
- 2 cucharadas de cebolletas en rodajas
- ¼ taza vinagre balsámico
- 1 cucharada. ajo molido
- 1 cucharada. semillas de hinojo tostadas, trituradas
- 1 cucharada. manteca

Títulos:

Corta la pechuga de pollo en 4 trozos y golpéala con un mazo hasta que tenga ¼ de pulgada de espesor. Use ¼ de cucharadita de pimienta y sal para cubrir el pollo. Calienta dos cucharadas de aceite en una sartén y mantenlo a fuego medio. Freír las pechugas de pollo durante tres minutos por cada lado. Colocar en un plato y cubrir con papel de aluminio para mantener el calor.

Agrega una cucharada de aceite, cebolletas y tomates a una sartén y cocina hasta que estén tiernos. Agrega vinagre y deja hervir hasta que el vinagre se reduzca a la mitad. Agrega las semillas de hinojo, el ajo, la sal y la pimienta y cocina durante unos cuatro minutos. Retirar del fuego y untar con mantequilla. Vierte esta salsa sobre el pollo y sirve.

Nutrición (por 100 gramos):294 calorías 17 g de grasa 10 g de carbohidratos 2 g de proteína 639 mg de sodio

Arroz integral, queso feta, guisantes frescos y ensalada de menta

Tiempo de preparación: 10 minutos.

Hora de cocinar: 25 minutos

Porciones: 4

Nivel de dificultad: Fácil

Ingredientes:

- 2 C. Arroz integrado
- 3c. Agua
- Sal
- 5 oz o 141,7 g de queso feta, desmenuzado
- 2 tazas de guisantes hervidos
- ½ taza de menta picada, fresca
- 2 cucharadas de aceite de oliva
- Sal pimienta

Títulos:

Coloca el arroz integral, el agua y la sal en una cacerola a fuego medio, tapa y deja hervir. Baja el fuego y déjalo cocinar hasta que el agua se haya disuelto y el arroz esté suave pero masticable. Déjalo enfriar por completo

Agregue el queso feta, los guisantes, la menta, el aceite de oliva, la sal y la pimienta a una ensaladera con el arroz enfriado y mezcle. ¡Servir y disfrutar!

Nutrición (por 100 gramos):613 calorías 18,2 g de grasa 45 g de carbohidratos 12 g de proteína 755 mg de sodio

Pita integral rellena de aceitunas y garbanzos

Tiempo de preparación: 10 minutos.

Hora de cocinar: 20 minutos

Porciones: 2

Nivel de dificultad: medio

Ingredientes:

- 2 bolsas de pita integral
- 2 cucharadas de aceite de oliva
- 2 dientes de ajo, finamente picados
- 1 cebolla finamente picada
- ½ cucharadita de comino
- 10 aceitunas negras finamente picadas
- 2 tazas de garbanzos hervidos
- Sal pimienta

Títulos:

Recorta los bolsillos de pita y reserva. Pon el fuego a medio y coloca una sartén en su lugar. Agrega el aceite de oliva y calienta. En una sartén caliente, combine el ajo, la cebolla y el comino y revuelva hasta que la cebolla esté suave y el comino esté fragante. Agregue las aceitunas, los garbanzos, la sal y la pimienta y revuelva hasta que los garbanzos estén dorados.

Retiramos la sartén del fuego y trituramos los garbanzos con una cuchara de madera para que algunos queden intactos y otros triturados. Calienta tus bolsitas de pita en el microondas, el horno o en una sartén limpia en la estufa.

¡Rellénalas con la mezcla de garbanzos y a disfrutar!

Nutrición (por 100 gramos):503 calorías 19 g de grasa 14 g de carbohidratos 15,7 g de proteína 798 mg de sodio

Zanahorias asadas con nueces y frijoles Cannellini

Tiempo de preparación: 10 minutos.

Hora de cocinar: 45 minutos

Porciones: 4

Nivel de dificultad: medio

Ingredientes:

- 4 zanahorias, peladas y picadas
- 1 taza de nueces
- 1 cucharada. Miel
- 2 cucharadas de aceite de oliva
- 2 tazas de lata de frijoles cannellini, escurridos
- 1 ramita de tomillo fresco
- Sal pimienta

Títulos:

Configure el horno a 400 F / 204 C y forre una bandeja para hornear o molde con papel pergamino. Coloca las zanahorias y las nueces en la bandeja o sartén forrada. Rocíe el aceite de oliva y la miel sobre las zanahorias y las nueces, luego revuelva para asegurarse de que todo quede cubierto. Extienda los frijoles en la bandeja y colóquelos entre las zanahorias y las nueces.

Añade el tomillo, espolvorea todo con sal y pimienta, mete la bandeja en el horno y hornea durante aprox. durante 40 minutos.

Servir y disfrutar

Nutrición (por 100 gramos):385 calorías 27 g de grasa 6 g de carbohidratos 18 g de proteína 859 mg de sodio

Pollo con mantequilla especiada

Tiempo de preparación: 10 minutos.

Hora de cocinar: 25 minutos

Porciones: 4

Nivel de dificultad: medio

Ingredientes:

- ½ taza de crema para batir espesa
- 1 cucharada. Sal
- ½ taza de caldo de huesos
- 1 cucharada. Pimienta
- 4 cucharadas de mantequilla
- 4 medias pechugas de pollo

Títulos:

Coloca la sartén en el horno a fuego medio y agrega una cucharada de mantequilla. Una vez que la mantequilla esté caliente y derretida, agrega el pollo y cocina durante cinco minutos por cada lado. Al finalizar este tiempo, el pollo debe estar bien cocido y dorado; si es así, ponlo en un plato.

Luego agrega el caldo de huesos a la sartén caliente. Agrega la espuma dura, sal y pimienta. Luego deja la sartén reposar hasta que la salsa empiece a hervir. Deje que este proceso continúe durante cinco minutos para permitir que la salsa se espese.

Finalmente, regresa la mantequilla restante y el pollo a la sartén. Asegúrate de verter la salsa sobre el pollo y cocinarlo por completo. Participar

Nutrición (por 100 gramos):350 calorías 25 g de grasa 10 g de carbohidratos 25 g de proteína 869 mg de sodio

Pollo con tocino y doble queso

Tiempo de preparación: 10 minutos.

Hora de cocinar: 30 minutos

Porciones: 4

Nivel de dificultad: Fácil

Ingredientes:

- 4 onzas. o 113 g. Queso crema
- 1 taza de queso cheddar
- 8 tiras de tocino
- Sal marina
- Pimienta
- 2 dientes de ajo finamente picados
- Pechuga de pollo
- 1 cucharada. Grasa de tocino o mantequilla

Títulos:

Precaliente el horno a 400 F / 204 C. Corte las pechugas de pollo por la mitad para adelgazar.

Sazone con sal, pimienta y ajo. Engrasa una bandeja para horno con mantequilla y coloca en ella las pechugas de pollo. Agrega el queso crema y el queso cheddar encima de las pechugas.

Agrega también las rodajas de tocino. Coloca el molde en el horno durante 30 minutos. Servir caliente

Nutrición (por 100 gramos):610 calorías 32 g de grasa 3 g de carbohidratos 38 g de proteína 759 mg de sodio

Camarones al limón y pimentón

Tiempo de preparación: 10 minutos.

Hora de cocinar: 10 minutos

Porciones: 4

Nivel de dificultad: Fácil

Ingredientes:

- 40 camarones pelados
- 6 dientes de ajo picados
- sal y pimienta negra
- 3 cucharadas de aceite de oliva
- ¼ cucharadita de pimentón dulce
- Una pizca de hojuelas de pimiento rojo molido
- ¼ de cucharadita de piel de limón rallada
- 3 cucharadas de jerez u otro vino
- 1½ cucharada. cebollino en rodajas
- Jugo de 1 limón

Títulos:

Enciende el fuego a medio-alto y coloca una sartén en su lugar.

Agrega el aceite y los camarones, espolvorea con pimienta y sal y cocina por 1 minuto, agrega el pimentón, el ajo y las hojuelas de pimienta, revuelve y cocina por 1 minuto. Agrega con cuidado el jerez y cocina por un minuto más.

Retirar los camarones del fuego, agregar el cebollino y la ralladura de limón, mezclar y colocar en platos. Agrega el jugo de limón y sirve.

Nutrición (por 100 gramos):140 calorías 1 g de grasa 5 g de carbohidratos 18 g de proteína 694 mg de sodio

Fletán empanizado y sazonado

Tiempo de preparación: 5 minutos.

Hora de cocinar: 25 minutos

Porciones: 4

Nivel de dificultad: Fácil

Ingredientes:

- ¼ taza cebollino fresco picado
- ¼ taza eneldo fresco picado
- ¼ cucharadita de pimienta negra
- ¾ c. migas de pan Panko
- 1 cucharada. aceite de oliva virgen extra
- 1 cucharadita de piel de limón finamente rallada
- 1 cucharadita de sal marina
- 1/3 taza perejil fresco picado
- 4 (6 oz o 170 g) filetes de fletán

Títulos:

En un bol mediano, mezcla el aceite de oliva y el resto de los ingredientes, excepto el fletán y el pan rallado.

Coloca los filetes de fletán en la mezcla y deja marinar durante 30 minutos. Precalienta el horno a 400 F / 204 C. Coloque el papel de aluminio en una bandeja para hornear y cúbralo con aceite en aerosol. Pasar los filetes por pan rallado y colocarlos en una bandeja para horno. Hornear en el horno durante 20 minutos. Servir caliente.

Nutrición (por 100 gramos):667 calorías 24,5 g de grasa 2 g de carbohidratos 54,8 g de proteína 756 mg de sodio

Salmón al curry con mostaza

Tiempo de preparación: 10 minutos.

Hora de cocinar: 20 minutos

Porciones: 4

Nivel de dificultad: Fácil

Ingredientes:

- ¼ cucharadita de pimiento rojo molido o chile en polvo
- ¼ cucharadita de cúrcuma molida
- ¼ cucharadita de sal
- 1 cucharadita de miel
- ¼ cucharadita de ajo en polvo
- 2 cucharaditas de mostaza integral
- 4 (6 oz o 170 g) filetes de salmón

Títulos:

En un bol mezclar la mostaza y el resto de ingredientes, excepto el salmón. Precalienta el horno a 350 F / 176 C. Cubra la fuente para hornear con aceite en aerosol. Coloque el salmón en la fuente para hornear con la piel hacia abajo y esparza la mezcla de mostaza uniformemente sobre los filetes, colóquelo en el horno y hornee durante 10-15 minutos o hasta que esté escamoso.

Nutrición (por 100 gramos):324 calorías 18,9 g de grasa 1,3 g de carbohidratos 34 g de proteína 593 mg de sodio

Salmón con nueces y romero

Tiempo de preparación: 10 minutos.

Hora de cocinar: 25 minutos

Porciones: 4

Nivel de dificultad: medio

Ingredientes:

- 1 libra o 450 g. filete de salmón congelado sin piel
- 2 cucharaditas de mostaza Dijon
- 1 diente de ajo picado
- ¼ cucharadita de limón rallado
- ½ cucharadita de miel
- ½ cucharadita de sal kosher
- 1 cucharadita de romero recién picado
- 3 cucharadas de pan rallado Panko
- ¼ cucharadita de pimiento rojo molido
- 3 cucharadas de nueces molidas
- 2 cucharaditas de aceite de oliva virgen extra

Títulos:

Precalienta el horno a 420 F/215 C y cubre una bandeja para hornear con borde con papel pergamino. Mezclar en un bol la mostaza, la ralladura de limón, el ajo, el jugo de limón, la miel, el romero, el pimiento rojo triturado y la sal. En otro bol mezclar las nueces, el panko y 1 cucharadita de aceite, luego poner papel de horno en la bandeja para horno y colocar encima el salmón.

Unte la mezcla de mostaza sobre el pescado y esparza la mezcla de panko sobre el pescado. Rocíe ligeramente el aceite de oliva restante sobre el salmón. Hornee durante unos 10 a 12 minutos o hasta que el salmón se deshaga con un tenedor. Servir caliente

Nutrición (por 100 gramos):222 calorías 12 g de grasa 4 g de carbohidratos 0,8 g de proteína 812 mg de sodio

Espaguetis rápidos con tomates

Tiempo de preparación: 10 minutos.

Hora de cocinar: 25 minutos

Porciones: 4

Nivel de dificultad: medio

Ingredientes:

- 8 oz. o 226,7 g de espaguetis
- 3 cucharadas de aceite de oliva
- 4 dientes de ajo, rebanados
- 1 jalapeño, rebanado
- 2 tazas de tomates cherry
- Sal pimienta
- 1 cucharadita de vinagre balsámico
- ½ taza de parmesano rallado

Títulos:

Hierva una olla grande con agua a fuego medio. Agrega una pizca de sal y deja hervir, luego agrega los espaguetis. Déjalo cocinar durante 8 minutos. Mientras se cocina la pasta, calienta el aceite en una sartén y agrega el ajo y el jalapeño. Cocine por 1 minuto más, luego agregue los tomates, la pimienta y la sal.

Cocine durante 5-7 minutos hasta que la piel del tomate se agriete.

Agrega el vinagre y retira del fuego. Escurrir bien los espaguetis y mezclar con la salsa de tomate. Espolvorea con queso y sirve inmediatamente.

Nutrición (por 100 gramos):298 calorías 13,5 g de grasa 10,5 g de carbohidratos 8 g de proteína 749 mg de sodio

Queso al horno con orégano y chile

Tiempo de preparación: 10 minutos.

Hora de cocinar: 25 minutos

Porciones: 4

Nivel de dificultad: Fácil

Ingredientes:

- 8 oz. o 226,7 g de queso feta
- 4 onzas. o 113 g de mozzarella, rallada
- 1 chile rebanado
- 1 cucharadita de orégano seco
- 2 cucharadas de aceite de oliva

Títulos:

Coloque el queso feta en una fuente para hornear pequeña y honda. Unte la parte superior con mozzarella y luego sazone con rodajas de pimiento morrón y orégano. cubre la sartén. Hornee en un horno precalentado a 350 F/176 C durante 20 minutos. Sirve el queso y disfruta.

Nutrición (por 100 gramos):292 calorías 24,2 g de grasa 5,7 g de carbohidratos 2 g de proteína 733 mg de sodio

311. Pollo italiano crujiente

Tiempo de preparación: 10 minutos.

Hora de cocinar: 30 minutos

Porciones: 4

Nivel de dificultad: Fácil

Ingredientes:

- 4 muslos de pollo
- 1 cucharadita de albahaca seca
- 1 cucharadita de orégano seco
- Sal pimienta
- 3 cucharadas de aceite de oliva
- 1 cucharada. vinagre balsámico

Títulos:

Sazone bien el pollo con albahaca y orégano. En una sartén agrega aceite y calienta. Agrega el pollo al aceite caliente. Cocine durante 5 minutos por cada lado hasta que estén dorados, luego cubra la sartén.

Ponga el fuego a medio y cocine por 10 minutos por un lado, luego voltee el pollo varias veces y cocine por otros 10 minutos hasta que esté crujiente. Sirve el pollo y disfruta.

Nutrición (por 100 gramos):262 calorías 13,9 g de grasa 11 g de carbohidratos 32,6 g de proteína 693 mg de sodio